TRYING IT OUT. TRYING IT ON. TRYING TO DO IT BETTER. FRANK BOWLING

TRYING IT OUT. TRYING IT ON. TRYING TO DO IT BETTER. FRANK BOWLING

WOLFGANG-HAHN-PREIS 2022

2022 WOLFGANG HAHN PRIZE

Herausgegeben von /
Edited by Pia Gamon

Gesellschaft für Moderne Kunst
am Museum Ludwig Köln e. V.

Verlag der Buchhandlung Walther
und Franz König, Köln / Cologne

INHALT

CONTENT

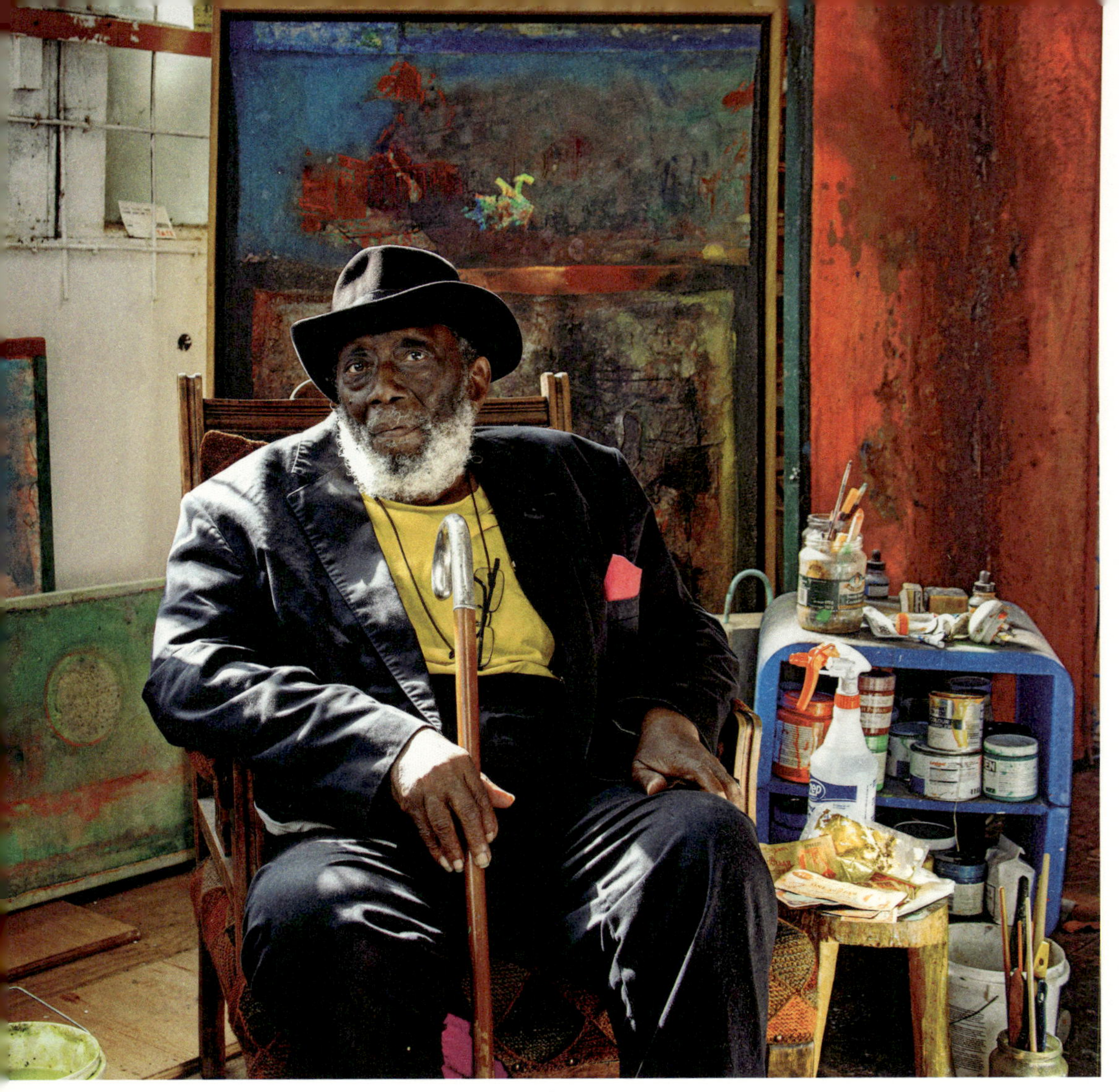

FRANK BOWLING IN SEINEM ATELIER /
IN HIS STUDIO, 2020

VORWORT

Frank Bowling erweiterte im Laufe der Zeit konsequent seinen malerischen Ansatz und leistete ab den 1960er-Jahren in London und New York einen frühen und bedeutenden Beitrag zu Debatten über afroamerikanische Kunst als Künstler, Kurator und mitwirkender Redakteur des *Arts Magazine* (1969–1972).

Bowlings Werk speist sich aus seinen Lebenserfahrungen in Guyana, Großbritannien und den USA und aus einer profunden Kenntnis der Kunst- und Malereigeschichte. Der Künstler hält auf abstrakte Weise seine prägenden Erlebnisse mit Farbpigmenten, Wachs und Malgel fest. Mit einem unvergleichlichen Gespür für Farbe und Stofflichkeit gestaltet Bowling seine Gemälde. Ergebnisoffen experimentiert er im Malprozess mit der Bildebene und behandelt sie unerschrocken unter Einsatz von Chemikalien, Hitze und einer reichen Fülle an collagierten Materialien.

Durch den Ankauf des Bildes *Flogging the Dead Donkey* (2020) anlässlich des Wolfgang-Hahn-Preises 2022 erhält das Museum Ludwig als erste öffentliche Sammlung in Deutschland ein Werk Frank Bowlings! Gastkuratorin Zoé Whitley, der unser großer Dank gilt, betont in ihrem Textbeitrag zur angekauften Arbeit die Entschlossenheit und Einzigartigkeit, mit der Frank Bowling die abstrakte Malerei weiterentwickelt und dadurch seine eigene Maxime unter Beweis gestellt hat, dass „die Möglichkeiten der Farbe unendlich sind".

Die Würdigung seines Schaffens erfährt der 88-jährige Sir Frank Bowling erst spät in seiner langjährigen Laufbahn und zum Auftakt einer kunsthistorischen Einordnung als Klassiker. Er hat abstrakte Malerei geschaffen, die in ihrer thematischen und materiellen Vielschichtigkeit subversiv gegenüber einer eindeutigen Zuschreibung bleibt. Der Geist amerikanischer Farbfeldmalerei verbindet sich mit britischer Abstraktion zu einer sehr eigenständigen Position.

Wir danken Pia Gamon für die Herausgabe der Publikation und Meiré und Meiré für die großartige Gestaltung. Ein besonderer Dank geht an die Firmen BAUWENS und EBNER STOLZ. Beide Unternehmen haben enge Bezüge zu Köln bei gleichzeitig deutschlandweiter Tätigkeit und zählen mit ihrem Anspruch an Qualität und Leistung zu Vorbildern in ihren Branchen. Wir schätzen uns glücklich, sie im siebten Jahr als verlässliche Partner für die Verleihung, Präsentation und Publikation des Wolfgang-Hahn-Preises an unserer Seite zu wissen.

Unser ausdrücklicher Dank geht an das gesamte Team des Bowling Studios, an Ben und Sacha Bowling und ganz besonders an Sir Frank und Lady Rachel. Sie alle haben Ankauf, Publikation und Ausstellung enthusiastisch, professionell und geduldig unterstützt.

Im Namen der Jury

MAYEN BECKMANN

VORSTANDSVORSITZENDE GESELLSCHAFT FÜR MODERNE KUNST

YILMAZ DZIEWIOR

DIREKTOR MUSEUM LUDWIG

FOREWORD

Over the years, Frank Bowling has consistently expanded his painterly approach, making an early and significant contribution to debates on African American art in London and New York from the 1960s onwards as an artist, curator, and contributing editor of *Arts Magazine* (1969–1972).

Bowling's work draws on his life experiences in Guyana, Great Britain, and the United States, as well as on his profound knowledge of art history in general and the history of painting in particular. The artist captures his formative experiences in an abstract manner using pigments, wax, and gel. Bowling creates his paintings with a distinctive sense for colours and materiality. Open to results, he experiments with the pictorial plane throughout the painting process, treating it unflinchingly with the use of chemicals, heat, and a rich abundance of collaged materials.

With the acquisition of the painting *Flogging the Dead Donkey* (2020) on the occasion of the awarding of the Wolfgang Hahn Prize 2022, the Museum Ludwig is the first public collection in Germany to receive a work by Frank Bowling! In her text on the acquired work, the guest juror, Zoé Whitley, to whom we owe our great thanks, emphasises the determination and uniqueness with which Frank Bowling has further developed abstract painting, thereby proving his own maxim that 'the possibilities of colour are infinite'.

The appreciation of his work comes late in the long career of the eighty-eight-year-old Sir Frank Bowling and as a prelude to an art-historical classification as a classic. He has created a form of abstract painting which, in its thematic and material complexity, remains subversive with regard to clear attribution. The spirit of American Colour Field painting combines with British abstraction to create a highly independent position.

We would like to thank Pia Gamon for editing the publication, as well as Meiré und Meiré for the magnificent design. Special thanks go to BAUWENS and EBNER STOLZ. Both companies have close ties to Cologne, while at the same time operating throughout Germany and, with their standards of quality and performance, are among the role models in their respective fields. We consider ourselves fortunate to have them at our side for the seventh year as reliable partners for the Wolfgang Hahn Prize award ceremony, presentation, and publication.

Our sincere thanks go to the entire team at the Bowling Studio, to Ben and Sacha Bowling, and especially to Sir Frank and Lady Rachel. They have all enthusiastically, professionally and patiently supported the acquisition, publication, and exhibition.

On behalf of the jury

MAYEN BECKMANN

CHAIRWOMAN GESELLSCHAFT FÜR MODERNE KUNST

YILMAZ DZIEWIOR

DIRECTOR MUSEUM LUDWIG

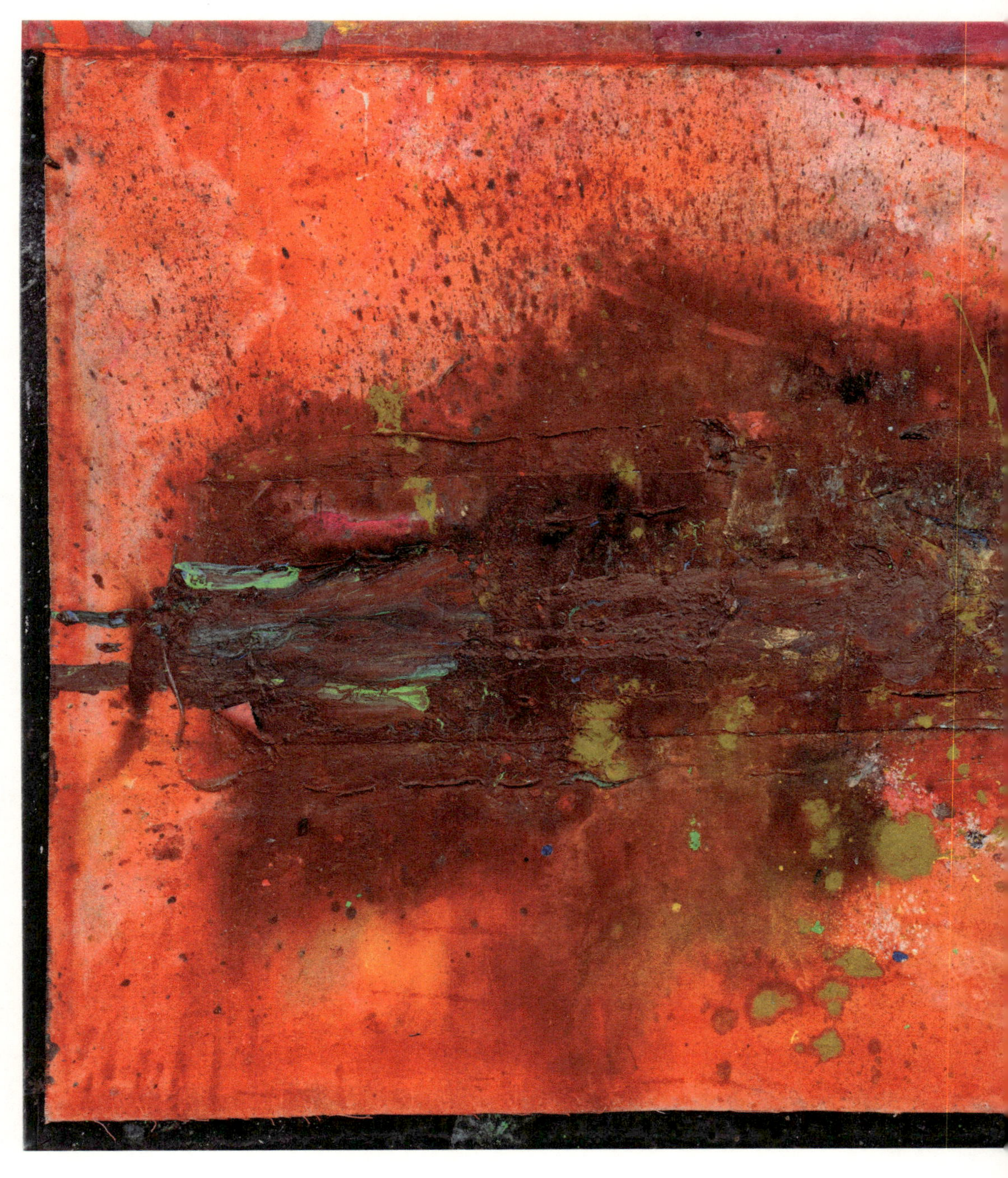

FLOGGING THE DEAD DONKEY, 2020, ACRYL UND ACRYLGEL AUF COLLAGIERTER LEINWAND MIT MAROUFLAGE / ACRYLIC AND ACRYLIC GEL ON COLLAGED CANVAS WITH MAROUFLAGE, 102,5 X 185,5 CM

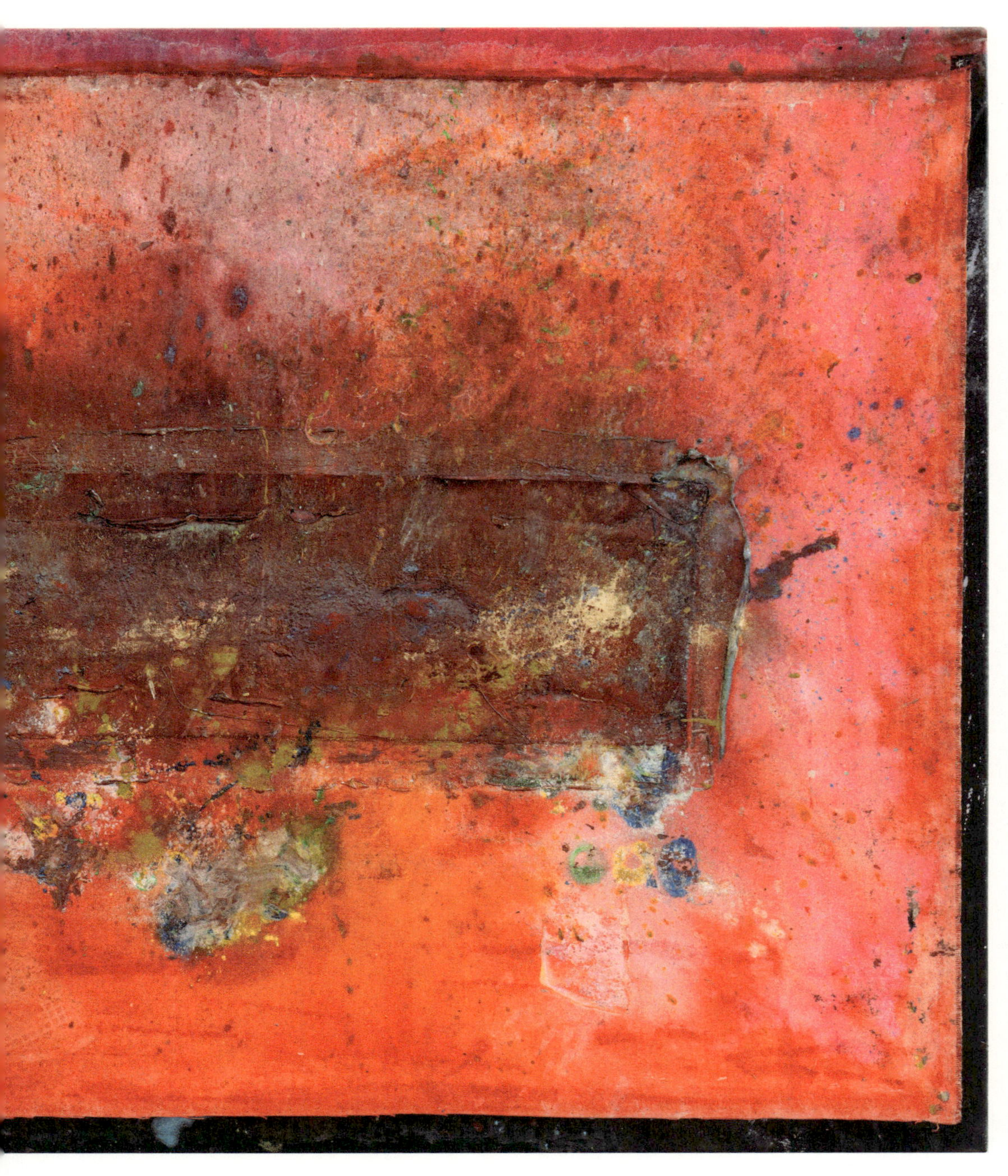

ALL DAS, WAS FRANK BOWLING IST

Zoé Whitley
Direktorin, Chisenhale Gallery
Gastjurorin

Frank Bowling ist Meinungen. Ich meine damit nicht, dass er rechthaberisch ist, sondern dass er die Inkarnation der Summe seiner klugen Beobachtungen und bisweilen kontroversen Standpunkte ist. Sein Blick auf die Welt ist unbeirrbar, er scheut sich nicht, unpopuläre Positionen zu vertreten, sich für seine zu wenig anerkannten Künstlerkolleg*innen einzusetzen und gegen seine eigene mangelnde Anerkennung anzukämpfen, die allzu lange anhielt. Es ist kaum zu fassen, dass er – trotz einer 60-jährigen Laufbahn – bis vor 20 Jahren in keiner einzigen britischen Galerie vertreten war. „England ist noch nicht bereit für einen begabten Artist of Colour", lautete die oft zitierte Äußerung der Kulturwächter, die Bowling von der epochalen Ausstellung New Generation: 1964 in der Whitechapel Gallery ausschlossen. Daraufhin übersiedelte Bowling in die Vereinigten Staaten, wo er Teil einer lebendigen und innovativen Gemeinschaft von Künstler*innen wurde, die es nach New York zog. Dort beschritt er nicht nur auf der Leinwand, sondern auch auf dem Papier neue Wege. Zu seinen vielen bemerkenswerten Essays als Kritiker zählt eine 1971 verfasste kraftvolle Gegendarstellung zu den reduktiven Analysen radikaler Politik in der Kunst: 'It's Not Enough to Say „Black is Beautiful" '. Allein der Titel war aufrührerisch, der Inhalt jedoch differenziert und voller aufmerksamer Beobachtungen, die Kritiker*innen in ihren Besprechungen von hochtalentierten Künstlern wie Daniel LaRue Johnson, Al Loving, Jack Whitten und William T. Williams entgangen waren. Außerdem knöpfte sich Bowling die seiner Meinung nach hohlen Aufrufe zum Niederreißen institutioneller Strukturen vor, deren Verfechter*innen sich nicht bewusst machten, was für den Wiederaufbau und die Erneuerung nötig wäre:

DAS PROBLEM IST, DASS SIE, WENN IHR BLICK AUF ETWAS ANDERES GERICHTET IST, NUR DURCH EINEN GEWALTAKT UMGELENKT WERDEN KÖNNEN, UND WIE ICH BEREITS AN ANDERER STELLE BETONT HABE, *SOLL MAN DAS MUSEUM NICHT NIEDERBRENNEN;* DAS WIRD SIE NUR VOM KUNSTERLEBNIS FERNHALTEN. EINEM MUSEUM BEIM BRENNEN ZUZUSEHEN IST EIN *ZUSCHAUERSPORT*. SICH IM STACHELDRAHT ZU VERHEDDERN TUT WEH.

Frank Bowling ist Fleiß. Ich meine damit nicht, dass er fleißig ist, sondern dass seine Hingabe an sein Handwerk grenzenlos ist, eher eines Substantivs als eines Adjektivs würdig, weil er den Fleiß lebt, anstatt eine Form des bloßen Strebens nach Strenge zu praktizieren. Ich kenne keine Künstler*innen, die sich so diszipliniert täglich ins Atelier begeben, egal wie schlecht das Wetter ist, egal wie schädlich die Dämpfe der Farbverdünner sind. Jahrzehntelang unterhielt Bowling Ateliers auf beiden Seiten des Atlantiks, malte in London und New York und sog die verschiedenen Einflüsse und Energien auf, die sich aus der Nähe zum Hudson und zur Themse ergaben.

Frank Bowling ist ein Mann der Farbe: der knalligen Pinktöne, der kräftigen Rottöne, der tiefen Brauntöne, der trüben oder lebhaften Grüntöne, der warmen, leuchtenden Gelbtöne und in letzter Zeit

der verführerischen Violetttöne. Auch wenn race eine unvermeidliche Tatsache im Leben des Künstlers ist, die ihn mit den äußeren Einschränkungen durch Rassismus konfrontiert hat, so war und ist es sein einziges Ziel, stets mit den vollen chromatischen Möglichkeiten der Farbe in Dialog zu treten.

Frank Bowling ist ein Dichter. Er verwandelt Gefühle und Erinnerungen in Stimmungen und Kompositionen. Bowling nimmt Namen und Orte und verwandelt sie in Ekphrasen. Einmal schenkte er mir einen Gedichtband von Barbara Chase-Riboud, 'Everytime a Knot is Undone, a God is Released'. Er enthält ein Gedicht, das zu Franks Ehren geschrieben wurde, 'Arabesque to Frank's Rivers'. Die dritte Strophe lautet:

LUMINOUS COLOR, FLOATS LIKE A VESSEL ON SOMEONE ELSE'S REVERIE
EVOKES THE ESSENQUIBO [SIC] WHICH NEVER KNOWS IN WHICH
DIRECTION IT FLOWS, BLACK INK RUNNING THROUGH EMERALD GREEN,

WITH GYUANIAN [SIC] SLICES OF RED AND MAGENTA ALL CURLED
UP IN TROPICAL COBALT BLUE AND BEFORE YOU KNEW IT YOU WERE
PAINTING A PORTRAIT OF A PLACE YOU WOULD SOON FORGET.

LEUCHTENDE FARBE, SCHWIMMT WIE EIN SCHIFF AUF EINES ANDEREN TRÄUMEREI
BESCHWÖRT DEN ESSEQUIBO, DER NIE WEISS, IN WELCHE
RICHTUNG ER FLIESST, SCHWARZE TINTE LÄUFT DURCH SMARAGDGRÜN,

MIT GUYANISCHEN TRANCHEN VON ROT UND MAGENTA, ZUSAMMENGEROLLT
IN TROPISCHEM KOBALTBLAU, UND EHE DU DICH VERSAHST, MALTEST DU
DAS PORTRÄT EINES ORTES, DEN DU BALD VERGESSEN WÜRDEST.

Frank Bowling ist ein Träumer. Selbst wenn er zu Hause in seinem Lieblingssessel sitzt, der sorgfältig mit Rachel Scotts bunten Strickstoffen bezogen ist, sehnt er sich zurück ins Atelier und spricht davon, was er als Nächstes schaffen wird. Ich erinnere mich an einen herrlichen Nachmittag bei Frank und Rachel, an dem wir über vergangene, gegenwärtige und zukünftige Bilder sprachen, als eine Motte hereinflatterte. Wir liefen alle im Wohnzimmer herum und klatschten einige Augenblicke lang wie verrückt, damit der Eindringling nicht auf einem der bezaubernden Scott-Bezüge landen konnte. Nachdem wir ihn zur Strecke gebracht hatten, setzten wir unser Gespräch dort fort, wo wir aufgehört hatten, und sprachen über Pigmente und Gels, Drapieren und Gießen, Verkrusten und Schichten. Nach einem Moment der flatterhaften Ablenkung kehrte der Fokus mit ganzem Herzen zu dem voll ausgelebten Zustand des Malerseins zurück, voller Freude, nie nachlassender Motivation und noch zu lösender Rätsel auf der Leinwand.

Frank Bowling ist ständig auf der Suche nach dem Einswerden mit der Malerei.

NIGHT JOURNEY, 1968–69, ACRYL AUF LEINWAND / ACRYLIC ON CANVAS, 328 X 269 CM

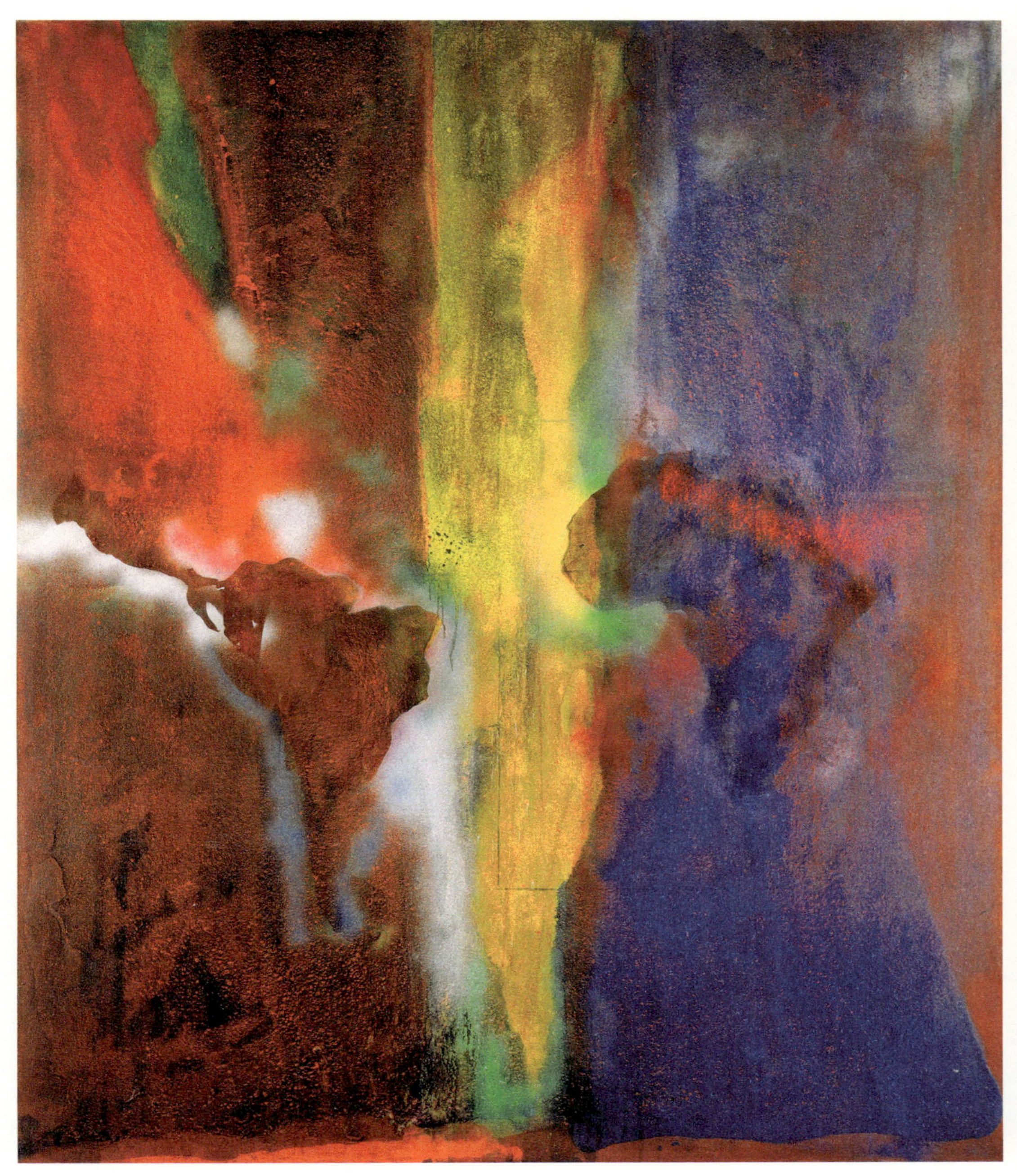

ALL THAT FRANK BOWLING IS

Zoé Whitley
Director, Chisenhale Gallery
Guest Juror

Frank Bowling is opinions. I do not mean opinionated; I mean that he embodies the sum total of his erudite observations and, at times, controversial points of view. His is an unflinching take on the world, unafraid to articulate unpopular positions, to champion his under-recognised artistic peers, and to advocate against his own lack of recognition, which has persisted for far too long. Unbelievable now to think that he was not represented by a gallery in the UK until a mere twenty years ago, despite a career three times that long. 'England is not ready for a gifted artist of colour', is the oft-quoted cultural gatekeeping that excluded Bowling from the era-defining New Generation: 1964 exhibition at the Whitechapel Gallery. In the aftermath of that pronouncement, Bowling relocated to the United States, forming part of a vibrant and innovative community of artists drawn to New York City. There, he pursued not only new directions on canvas but also on the page. Among his many notable essays as a critic, in 1971, he penned a powerful rebuttal to reductive analyses of radical politics in art, 'It's Not Enough to Say "Black is Beautiful" '. The title alone was inflammatory, but the content was nuanced, voicing careful, critical readings that had eluded artists of tremendous talent: Daniel LaRue Johnson, Al Loving, Jack Whitten, and William T. Williams. Bowling, too, took to task what he viewed as hollow calls to tear down institutional structures without an awareness of what it would take to rebuild and renew:

THE TROUBLE IS IF YOUR GAZE IS ELSEWHERE, ONLY AN ACT OF VIOLENCE WILL REDIRECT YOU, AND, AS I'VE POINTED OUT ELSEWHERE, *DON'T BURN THE MUSEUM DOWN*; THIS WILL ONLY BAR YOU FROM THE ART EXPERIENCE. WATCHING THE MUSEUM BURN IS A *SPECTATOR SPORT*. TANGLING WITH BARBED WIRE HURTS.

Frank Bowling is diligence. I do not mean diligent; I mean that his dedication to his craft is boundless, worthy of the noun rather than the adjective because he lives the diligence rather than practising a form of merely striving for rigour. I have never known an artist with quite the same degree of daily discipline to be in the studio, despite the weather, no matter how noxious the paint-thinning vapours. For decades, Bowling maintained studios on either side of the Atlantic, painting in London and New York, absorbing the varied influences and energies of proximity to both the Hudson and the Thames rivers.

Frank Bowling is a man of colour: of eye-searing pinks, of solid reds, of deep browns, of murky or vivid greens, of warm, radiant yellows, and latterly of alluring violets. While race is an unavoidable fact of the artist's life, it has dogged him with the extrinsic limitations of racism when his goal was and is only to ever commune with the full chromatic possibilities of paint.

Frank Bowling is a poet. He transforms feelings and memories into moods and compositions. Bowling takes names and places, reconfiguring them into ekphrasis. He once gave me a book of poems by Barbara Chase-Riboud, 'Everytime a Knot Is Undone', a God Is Released. It includes a poem written in Frank's honour, 'Arabesque to Frank's Rivers'. Its third stanza reads:

LUMINOUS COLOR, FLOATS LIKE A VESSEL ON SOMEONE ELSE'S REVERIE
EVOKES THE ESSENQUIBO [SIC] WHICH NEVER KNOWS IN WHICH
DIRECTION IT FLOWS, BLACK INK RUNNING THROUGH EMERALD GREEN,

WITH GYUANIAN [SIC] SLICES OF RED AND MAGENTA ALL CURLED
UP IN TROPICAL COBALT BLUE AND BEFORE YOU KNEW IT YOU WERE
PAINTING A PORTRAIT OF A PLACE YOU WOULD SOON FORGET.

Frank Bowling is a dreamer. Even sitting at home in his favoured armchair, seating painstakingly dressed by Rachel Scott's multicoloured knitted coverings, he yearns to be back in the studio and speaks of what he will create next. I recall a blissful afternoon in Frank and Rachel's company, speaking about paintings past, present, and future, when a moth appeared in the room. We all set about the living room clapping madly for a few moments to ensure the intruder could not land on any of Scott's delectable weavings. Once despatched, we promptly resumed our conversation where we left off, speaking of pigment and gel, draping and pouring, encrusting and layering. Following a moment of fluttering distraction, the focus returned wholeheartedly to the fully lived state of being a painter, full of joy, never-waning motivation, and conundrums yet to be solved on the canvas.

Frank Bowling is perpetually seeking to become one with painting.

BENJAMIN'S MESS, 2013, ACRYL UND ACRYLGEL AUF COLLAGIERTER LEINWAND / ACRYLIC AND ACRYLIC GEL ON COLLAGED CANVAS, 160 X 73,6 CM

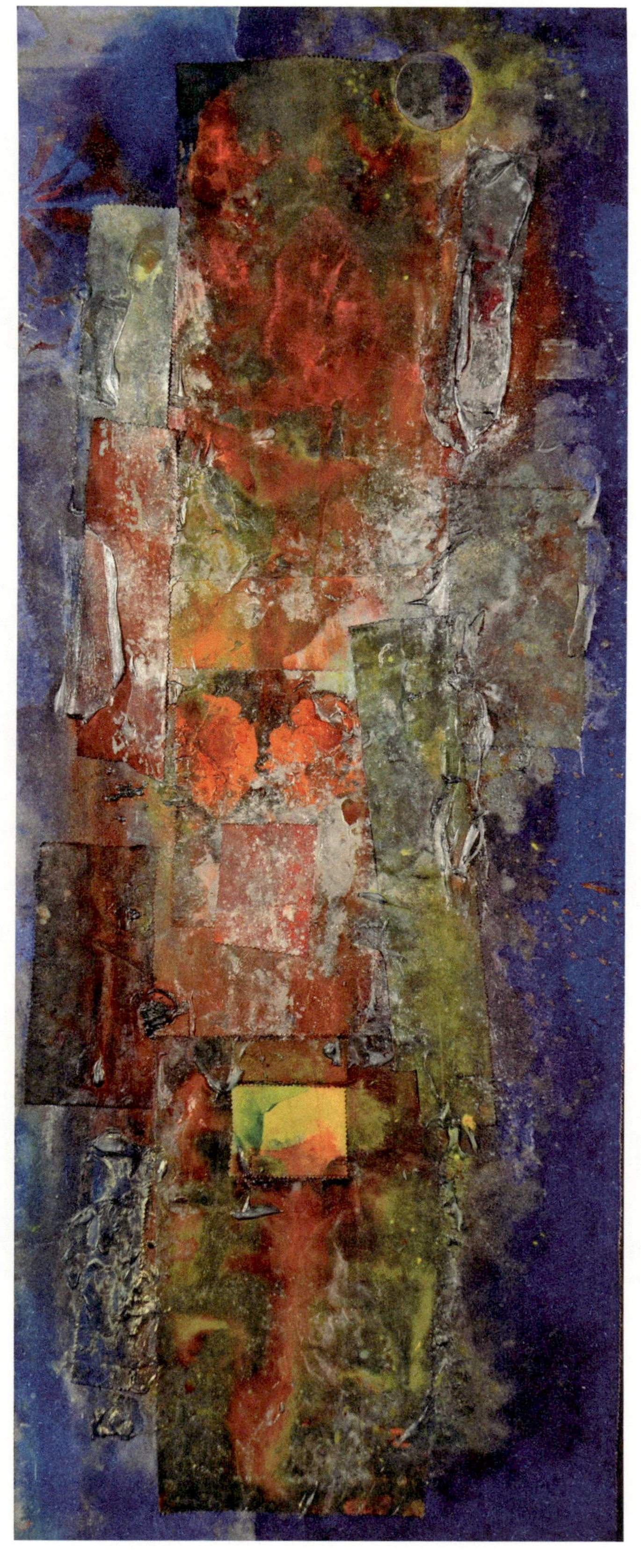

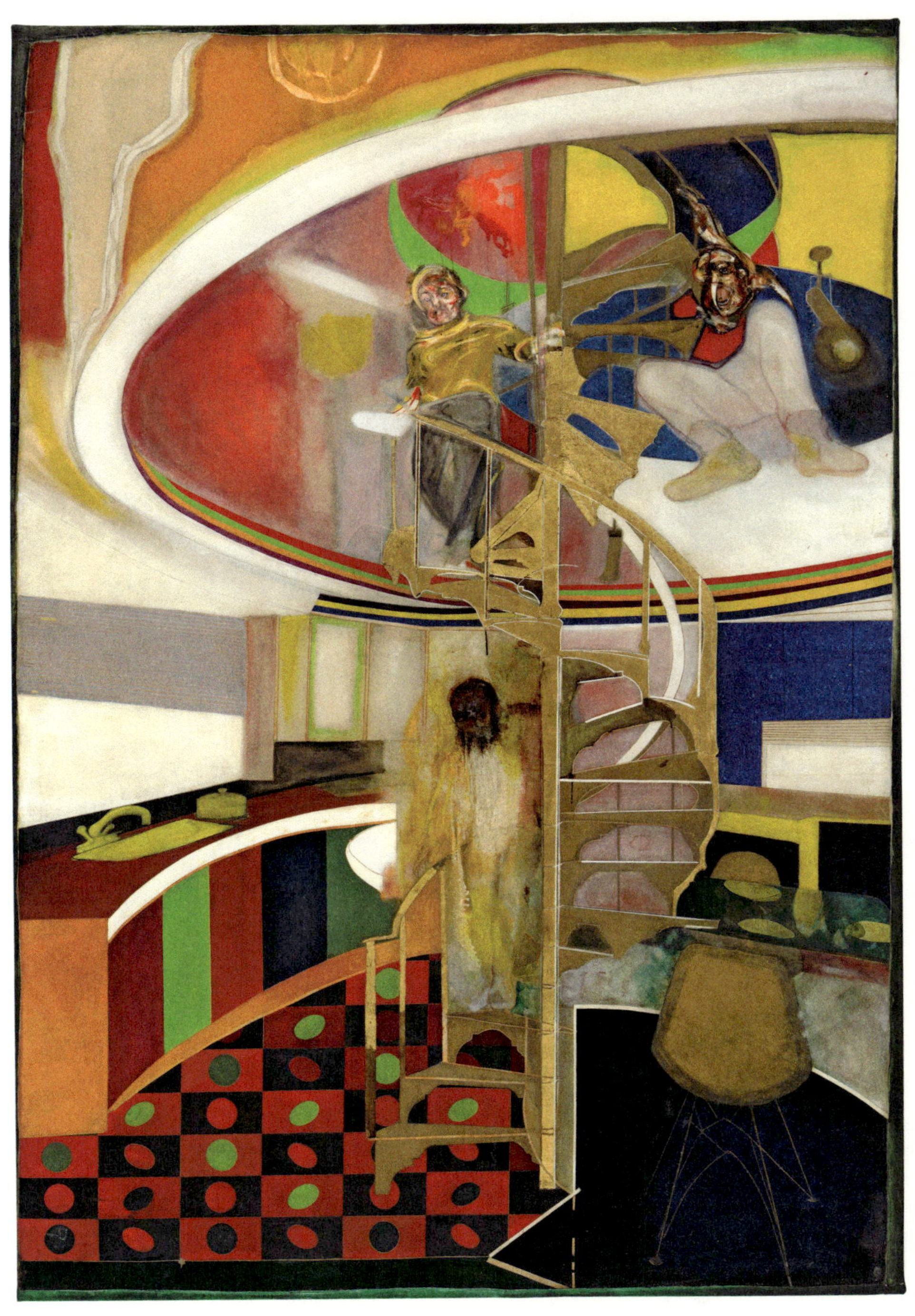

MIRROR,
1964–1966, ACRYL AUF LEINWAND /
ACRYLIC ON CANVAS, 305 X 213 CM

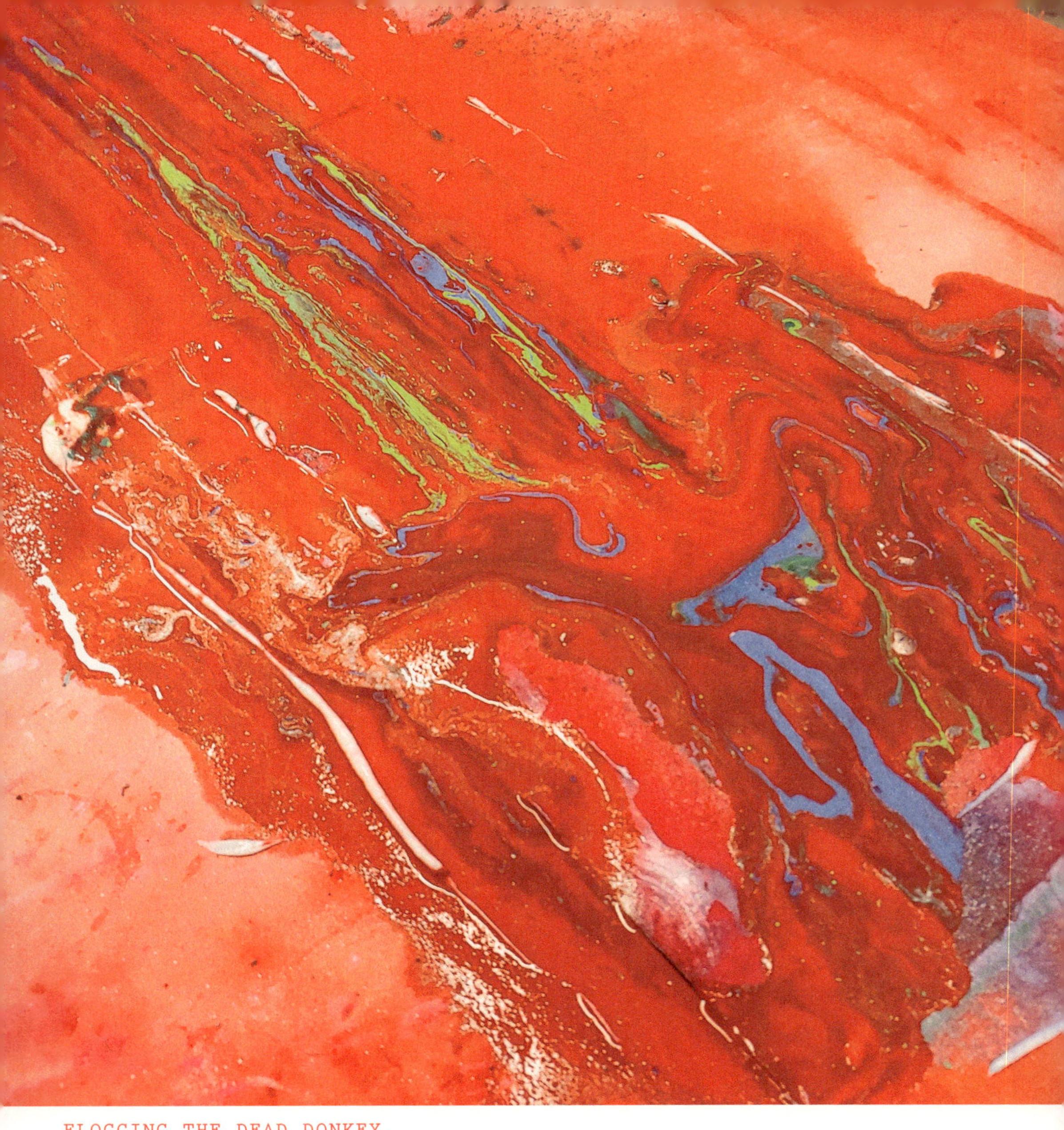

FLOGGING THE DEAD DONKEY,
2020, PRODUKTIONSPROZESS / WORK IN PROGRESS

PROBIERE ES AUS. PROBIERE ES AN. PROBIERE, ES BESSER ZU MACHEN.

Interview mit Frank Bowling
Pia Gamon

Pia Gamon:
In einem Interview haben Sie gesagt, dass Sie Ihre Werke nach Stimmungen und Situationen betiteln, sodass sie für Sie wie ein Tagebuch funktionieren. Was können Sie uns über den Titel sagen, den Sie für das Gemälde *Flogging the Dead Donkey* gewählt haben?

Frank Bowling:
Ja, es stimmt, dass die Titel meiner Werke etwas Poetisches haben, und das hat damit zu tun, dass ich beim Arbeiten aufschreibe, was ich sehe und fühle. Sie sind vermutlich so etwas wie ein Tagebuch. Als ich 1953 zum ersten Mal nach London kam, dachte ich, ich könnte Schriftsteller oder Dichter werden, aber schließlich wurde mir klar, dass die Malerei mein Ding ist. Es geht ums *Sehen*, und das hat mich bei der Titelwahl für dieses Werk geleitet. Als die Farbe fiel, oder gegossen wurde und fiel, begann sie zu „kochen“ [1] und nahm die Gestalt eines Tieres an.

[1] Bowling bezeichnet seine Methode des Farb- und Materialauftrags als „Kochen“. Es handelt sich um einen kreativen Prozess, der insofern dem Kochen ähnelt, als der Künstler Zutaten – flüssige und pulverförmige Farbe, Metallic- und Perlglanzpigmente, fluoreszierende Pigmente, Acrylgel, Kreide, Fundgegenstände und Atelierabfälle – mischt und diese auf eine mit kochendem Wasser, Haushaltsreiniger und Ammoniak getränkte Leinwand gießt, tropft, streut oder bürstet. Das Material bildet Lachen, die tage- oder sogar wochenlang vor sich hin „kochen“, während sie auf natürliche Weise oder mithilfe von Heizlüftern trocknen. Dabei verbinden sich die Materialien, interagieren miteinander und ergeben einzigartig strukturierte, farbige Oberflächen. Vgl. Laura Homer, „Frank Bowling: Material Explorations“, Tate Papers, Nr. 31, 2019; Alexander Keefe, „Frank Bowling“, Artforum, Januar 2016.

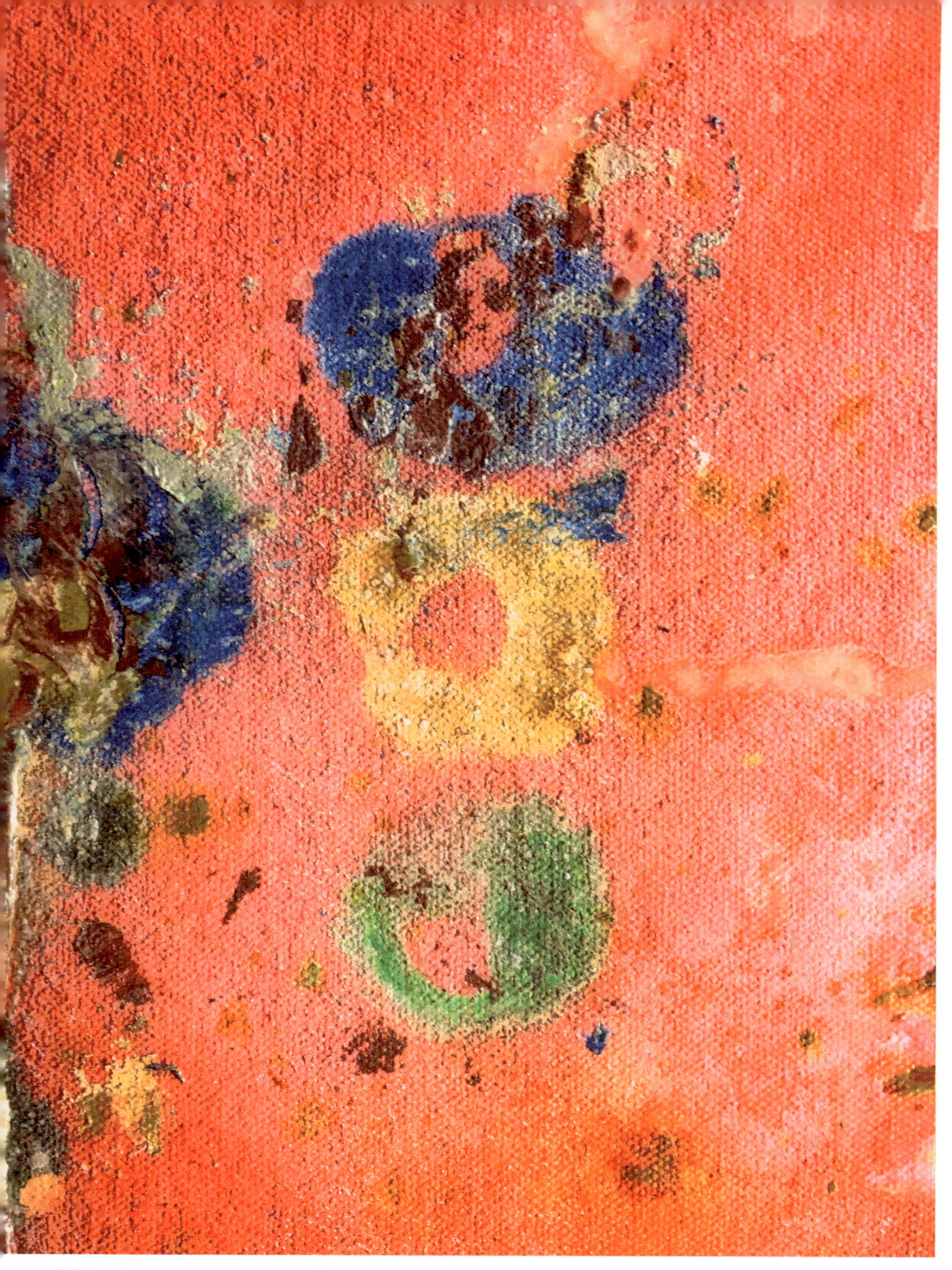

DETAIL FLOGGING THE DEAD DONKEY, 2020

Pia Gamon:
Die englische Redewendung „to flog a dead horse" bedeutet, dass man sich umsonst anstrengt, seine Zeit verschwendet, ohne ein positives Ergebnis zu erzielen. Warum haben Sie das Pferd zu einem Esel gemacht?

Frank Bowling:
„To flog a dead horse" ist eine gängige Redewendung, die mit sinnloser Arbeit zu tun hat. In Guyana, wo ich aufgewachsen bin, ist das ebenfalls so, aber es gab mehr Esel als Pferde, deshalb haben wir den Ausdruck „einen toten Esel auspeitschen" verwendet. Der Titel ist auch eine Art Scherz. Vor Jahren gab es im Fernsehen eine Comedy-Show namens *Drop the Dead Donkey*. Ich habe keine Ahnung, was das bedeuten soll; es ist einfach ein Witz aus einer Sitcom. Aber hier ist es auch ein ironischer Kommentar zur abstrakten Malerei. Besonders in den 1980er-Jahren war es Mode, den Tod der abstrakten Malerei zu verkünden. Das war ein ständiger Streit unter jüngeren Maler*innen: Die abstrakte Malerei ist tot, sie läuft ins Leere, wird von der Fotografie oder der Konzeptkunst oder von was auch immer überflüssig gemacht; und die monochrome Malerei war dann logischerweise der Endpunkt, das Ende der Malerei. Natürlich habe ich nie geglaubt, dass abstrakte Malerei tot ist; sie ist es, die mich Tag für Tag aus dem Bett und ins Atelier treibt, und das schon seit Jahrzehnten. Sie ist mein Tagewerk.

Pia Gamon:
Würden Sie sagen, dass die gräuliche Form in der Mitte dieses Werks titelgebend für das Bild war, oder handelt es sich eher um ein leeres Zentrum, das durch eine farblose Zone betont wird?

Frank Bowling:
Meine instinktive Reaktion ist natürlich, auf die Form in der Mitte zu schauen, die Vertiefung in der Mitte; und ja, sie nimmt die Form des Werktitels an. Als ich es mir kürzlich noch einmal genauer anschaute, sah die mittlere Tafel des Gemäldes aus wie Tierfell oder Leder. In dem Werk gibt es dieses dunkle Rot – nennen Sie es Kastanienbraun, Rotbraun, wie auch immer – aber wenn Sie genau hinsehen, können Sie alles Mögliche andere erkennen: Blau, Grün, alle möglichen Farben, die beim „Kochen" des Werks entstanden sind. Und die Farbe trägt das Licht. Dieses Licht kommt von innen. Wie kann ich es anders ausdrücken? Die Farbe trägt das Licht in sich. Das Licht geht von der Farbe selbst aus. Und wenn bestimmte Farben nebeneinanderstehen oder ineinanderlaufen, sieht man dieses besondere Licht, das die Farbe in sich trägt.

Pia Gamon:
Ist *Flogging the Dead Donkey* ein Höhepunkt der Abstraktion oder das Gegenteil?

Frank Bowling:
Meine Güte, was für eine Frage! Nun, es ist kein Geheimnis, dass ich ehrgeizig bin. Und ich möchte Bilder malen, die es mit den Werken der Großen aufnehmen können: [John] Constable, [J.M.W.] Turner, [Mark] Rothko und so weiter. Ich weiß nicht, ob ich dies den *Höhepunkt* der Abstraktion nennen würde, aber ich möchte auf jeden Fall gute Kunst machen, wenn Sie das meinen. Mit den Besten zu konkurrieren, zu den Besten zu gehören – ja, sicherlich. Aber was mich am meisten interessiert, wenn ich abstrakte Bilder mache, ist das Licht. Ich sehe die ganze Zeit Licht – verstehen Sie? Das Licht in der Farbe. Beim Betrachten einer Farbe geht es um die Suche nach Licht. Wenn man die Farbe auf eine ebene Fläche aufträgt, hüpft und holpert sie und es entsteht ein besonderes Licht, das aus dem Gemälde auftaucht, Rot über Grün oder Gelb, beim Auftragen der glatten Farbe auf eine ebene Fläche, wenn sie sich ausbreitet und verläuft, hüpft sie ein wenig, und man sieht dieses Licht durch das monochrome Gemälde aufblitzen. Wenn man mit nur einer Farbe arbeitet, bietet das eine gewisse Freiheit, weil

es keine Ablenkungen gibt: Ich kann mich ausschließlich auf die Oberfläche, die Vertiefungen und Unebenheiten konzentrieren und das Licht, das von der Oberfläche ausgeht, ist eher leuchtend lila oder pink.

Pia Gamon:
Im Zusammenhang mit Ihrer ersten Galerieausstellung in der Grabowski Gallery in London 1962 wurden Sie mit den Worten zitiert: „Ich bringe die Farbe gern an ihre Grenzen. Wenn ich auf einer kleinen Leinwand arbeite, möchte ich die Farbe ständig über die Ränder hinaustragen.“ Hat dieses Verlangen zu einem Bild wie *Flogging the Dead Donkey* geführt?

GOLDPIGMENT-STREUER / GOLD POWER-COLOUR PIGMENT SHAKER, ATELIER / STUDIO FRANK BOWLING

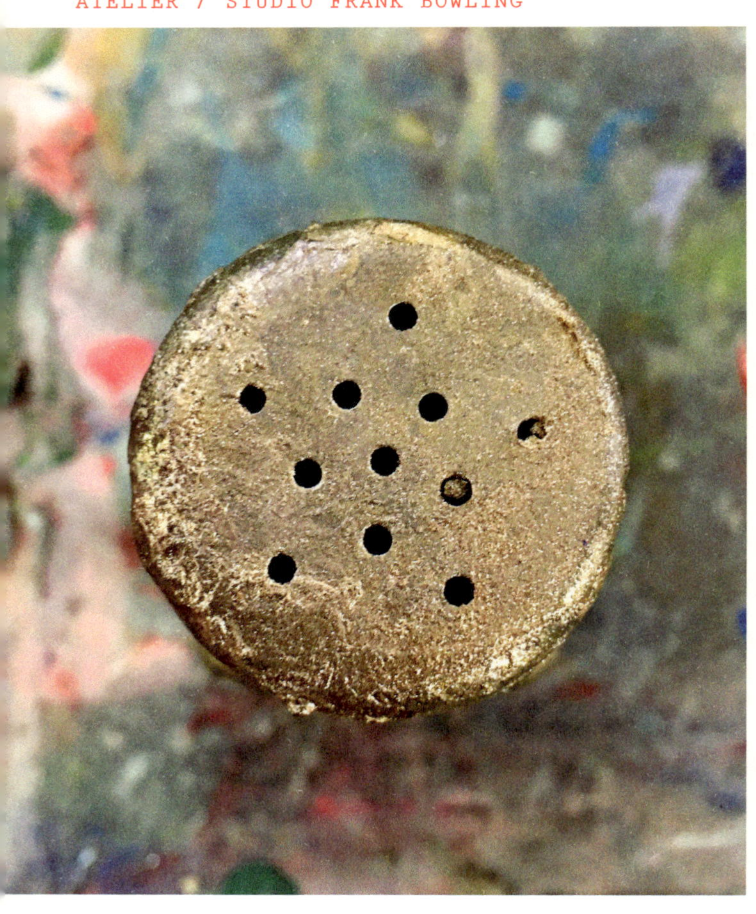

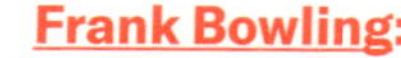

Frank Bowling:
Nach der Retrospektive [in der Tate Britain 2019] haben die Leute immer wieder meine Verwendung von Farben, vor allem von leuchtenden Farben, herausgestellt und ich war es leid. Daher beschloss ich, ein paar graue Bilder zu malen – die Idee war einfach nur grau – und das habe ich dann eine Weile gemacht. Etwa zur gleichen Zeit kam mir die Idee, eine Serie roter Bilder zu malen. Letztlich entstanden nur drei – eines mit sehr wenig anderem, sehr minimal, aber rot. Und eines mit einem großen Guss direkt über der roten Fläche, mit Blautönen und Grün und einer Art Collage aus einer Grußkarte, die uns meine gute Freundin, die Kunsthistorikerin Julie McGee, geschickt hat. Und natürlich der *Donkey*.

Mein Enkel zeigte mir einen Film, in dem ich das Bild im Peacock Yard herstelle, mit der roten Leinwand auf dem Boden, wie ich Ammoniak und goldene Pulverfarbe auf die Oberfläche gieße, um zu sehen, wie sie verlaufen, und dann Hitze einsetze, um zu sehen, was wir aus der Fläche herausholen können. Auf der mittleren Tafel passiert etwas mit einem Teil der Leinwand. Es war Lenny Bocour [ein US-amerikanischer Farbhersteller], der mich darauf aufmerksam machte, dass sich Öl- und Acrylfarbe nur dank Ammoniak ausbreiten. Früher bekamen wir Ammoniak in den New Yorker Supermärkten, aber dort verkauft man es nicht mehr; und dann erfuhr ich von meinem Freund Graham Mileson, dass man diese Pulverfarben und auch Ammoniak bei Mylands bekommt. Also ja, ich will die Farbe, die flüssige Farbe, mit Wasser, Ammoniak, was auch immer, buchstäblich an den Rand der Leinwand und oft über den Rand hinausschieben.

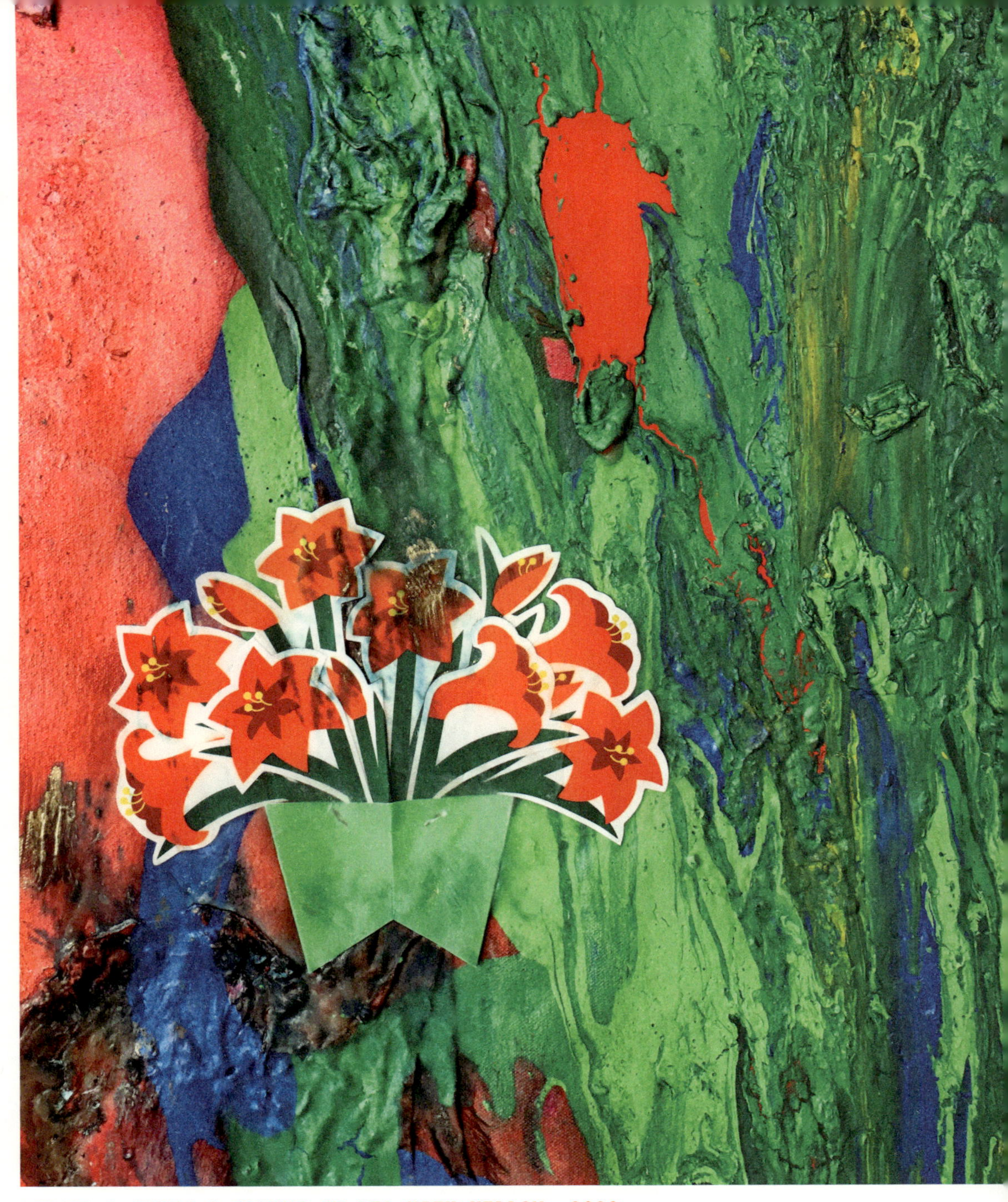

DETAIL 3 BLUES 2 GREENS ON RED WITH YELLOW, 2020,
ACRYL AUF LEINWAND / ACRYLIC ON CANVAS, 185.4 X 109.2 X 7 CM

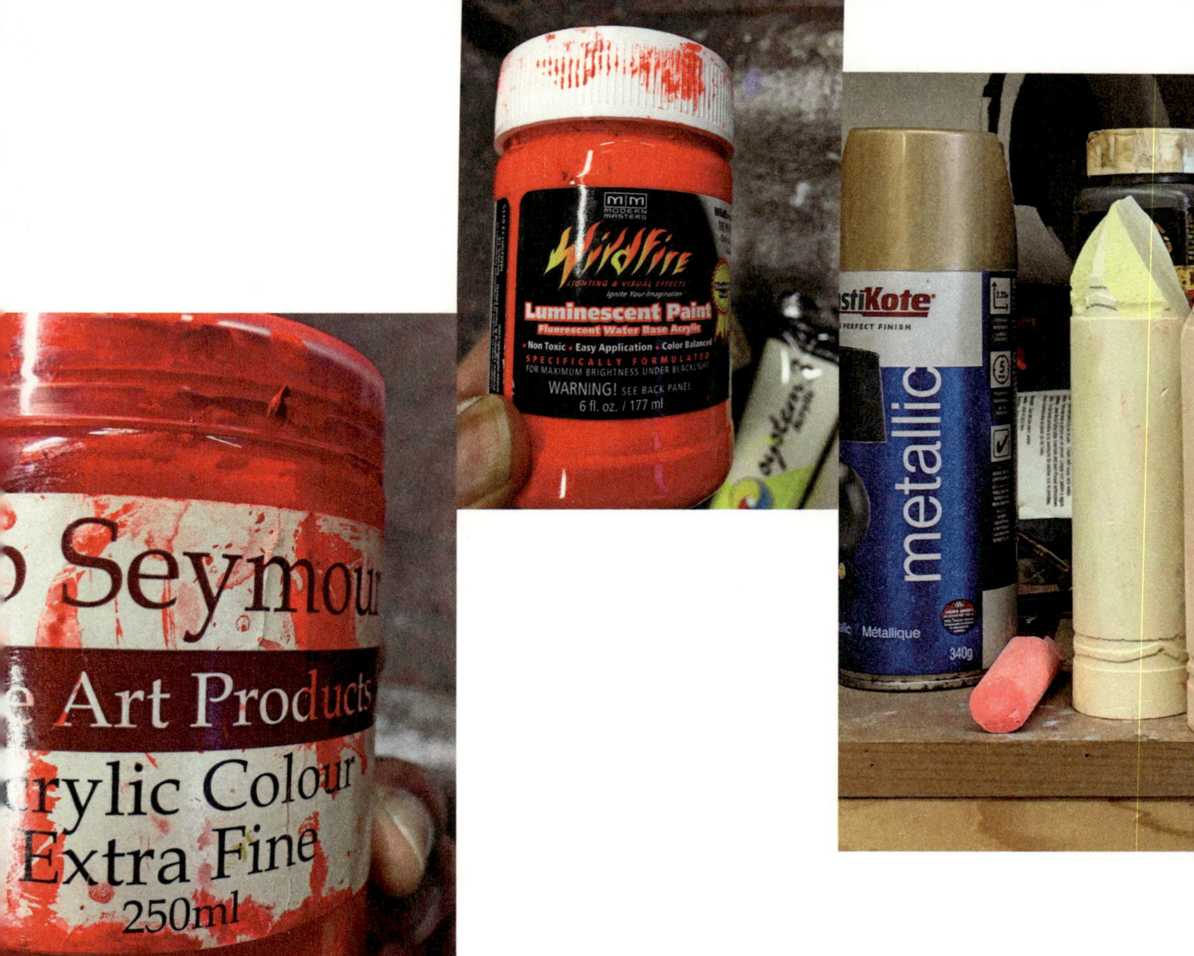

„ES BRAUCHTE FAST MEINEN GESAMTEN AUFENTHALT, DIE JAHRE, IN DENEN ICH IN DEN USA LEBTE UND VON KÜSTE ZU KÜSTE REISTE, UM MICH SCHLIESSLICH IN DER BRITISCHEN TRADITION DER ALL-OVER-LANDSCHAFTSMALEREI ZURECHTZUFINDEN, INSBESONDERE DER VON CONSTABLE. [...] ES IST DIE GANZFLÄCHIG BEMALTE LEINWAND, DIE VON UNTEN NACH OBEN VERTEILTE DICKE UND DÜNNE FARBE [...], DIE DIE OBERFLÄCHE BEHÄNDE BESCHREIBT, SO STRAFF WIE EINE TROMMEL. IHRE IN EINDRUCKSVOLLER SYMMETRIE GEZEICHNETE GEOMETRIE, IHRE GANZE UNAUSWEICHLICHE STÜCKHAFTIGKEIT. AUS: FRANK BOWLING, „FRANK BOWLING ON JOHN CONSTABLE'S THE OPENING OF WATERLOO BRIDGE“, TATE ETC. MAGAZINE, 2013

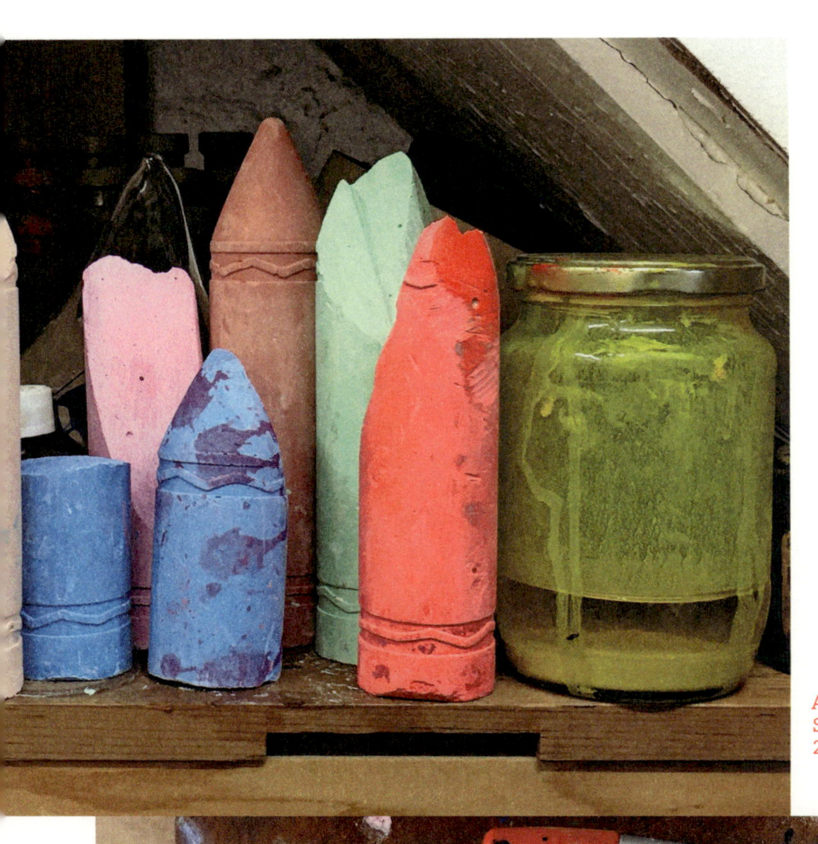

ATELIER /
STUDIO FRANK BOWLING,
2020

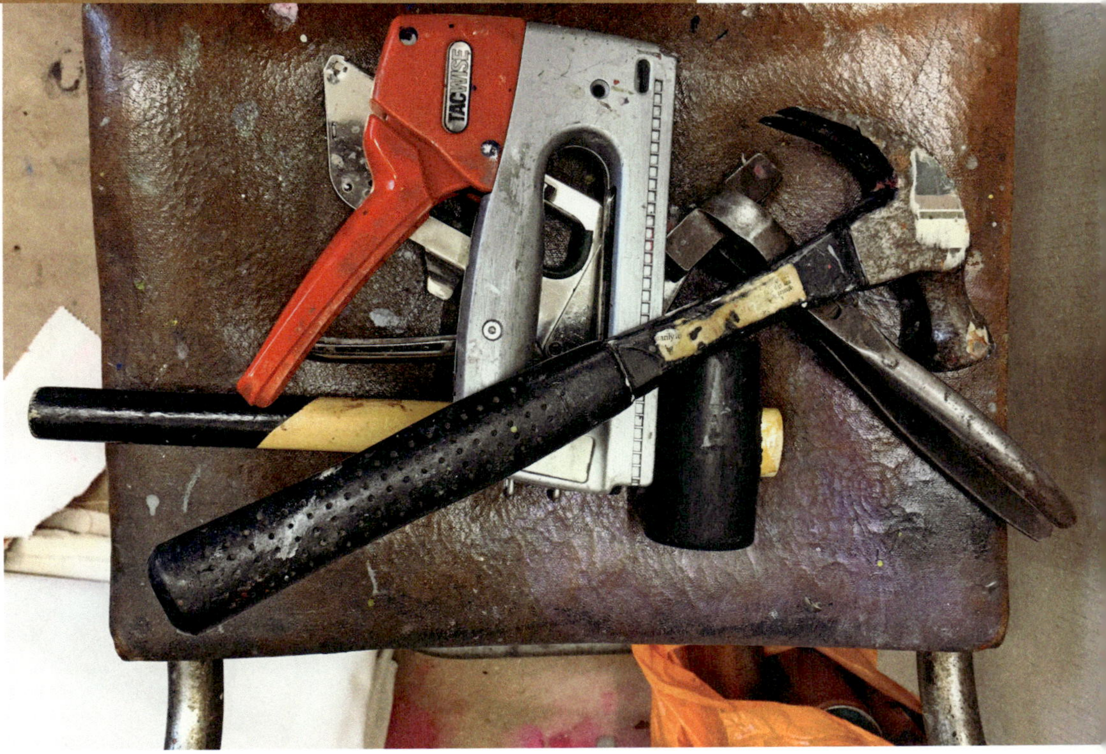

SNOW PAINTING, 1962,
ÖL AUF LEINWAND / OIL ON CANVAS, 101,6 X 76,2 CM

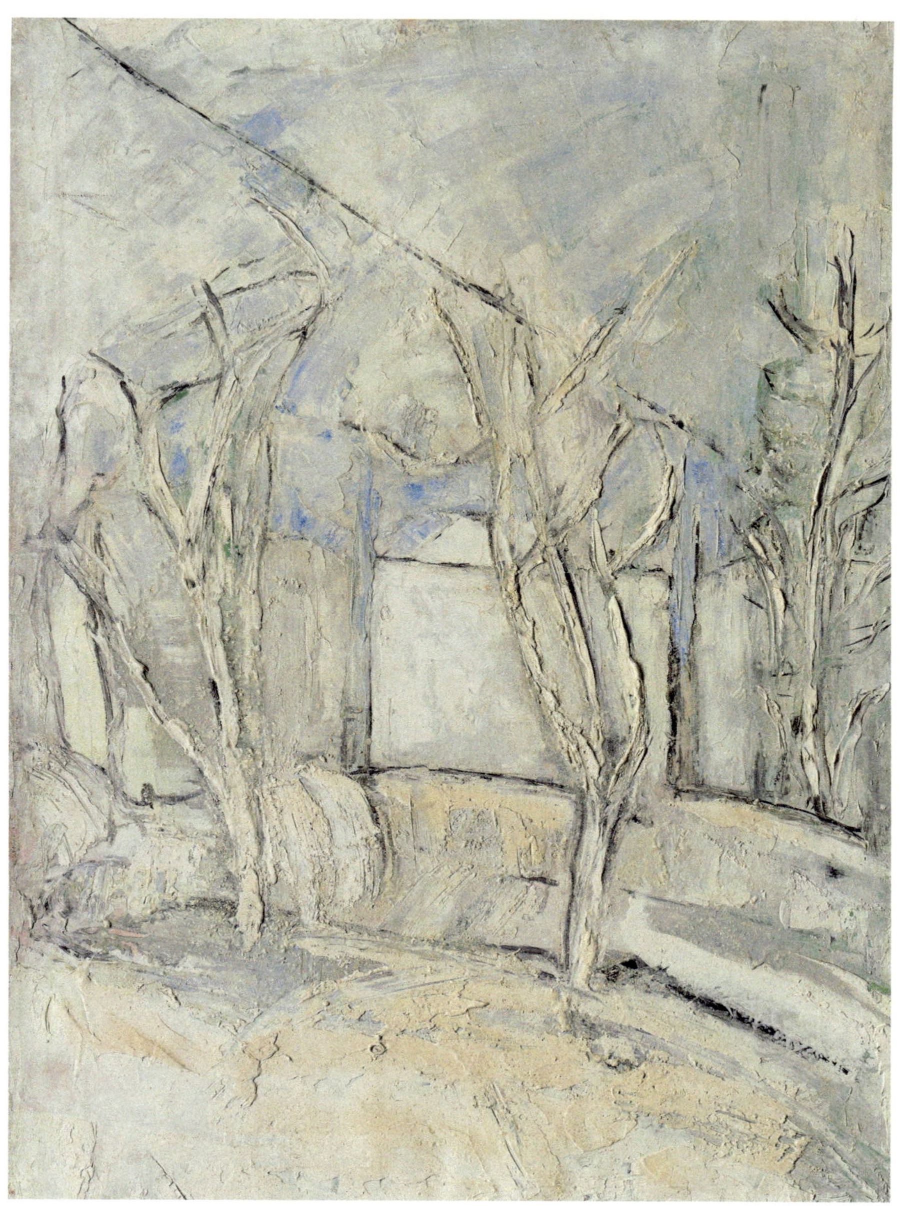

Pia Gamon:
Können Sie beschreiben, wie Sie auf die roten Farben von *Flogging the Dead Donkey* kamen?

Frank Bowling:
Rot ist die sinnträchtigste Farbe. Sie suggeriert alle möglichen Dinge im Leben, nicht wahr? Aber vermutlich bin ich nicht nur auf der Suche nach Rot. Wenn ich Auto fahre – ich selbst fahre nicht, ich bin immer nur Beifahrer –, aber wenn man sich einer roten Ampel nähert, die gerade von Rot über Gelb auf Grün springt, gibt es ein besonderes Licht, das ins Auge fällt; in diesem kurzen Moment dazwischen kann man ein Rot sehen, das sich in Mauve verwandelt, ein sehr ausgeprägtes und intensiv leuchtendes Mauve. Ich überprüfe das immer wieder. Sie sehen bei Ampeln nie Mauve, oder? Doch, man sieht es! Sie werden mauve, kurz bevor sie grün werden. Das ist es, was ich sehe. Das ist es, wonach ich suche.

Pia Gamon:
Können Sie sich an Ihre erste Begegnung mit monochromer Malerei erinnern?

Frank Bowling:
Im Winter 1961/62 begann ich, Bilder in Weiß- und Grautönen zu malen. Ich malte eine Reihe von Landschaftsbildern mit Bäumen im Schnee, unter dem Schnee. Ich wartete gespannt auf die Geburt meines ersten Sohnes und machte Zeichnungen und Gemälde vom Hinterhof der Wohnung, in der ich mit meiner ersten Frau Paddy Kitchen lebte. Wir wohnten in der Cedars Road in Battersea, die nach Clapham Common hinaufführte, und ich richtete mir ein Atelier in einem Raum ein, von dem aus man in den Hinterhof blicken konnte. Es gab diese Bäume, die sich bis in den Garten hinter dem Haus erstreckten, der bis zur alten Pferdestraße ging und die andere Straße kreuzte. Es schneite kräftig und alles war schneebedeckt. Alles war grau und weiß und ich malte mehrere Bilder von dieser Szene, eine Reihe von Schneeszenen und so weiter. Etwa zur gleichen Zeit malte ich Bilder von toten Vögeln, Knochen und Flaschen, alles in Grau- und Weißtönen. Ich glaube, damit hat es angefangen.

Pia Gamon:
Können Sie mir mehr über die weißen Bilder erzählen? Stimmt es, dass Sie zu verschiedenen Zeitpunkten Ihrer Laufbahn wieder in Weiß gemalt haben?

Frank Bowling:
Ja, viele, viele Jahre später – in einem weiteren Winter, als Rachel und ich nach heftigen Schneefällen im Jahr 2004 in New York festsaßen, kurz nachdem mein ältester Sohn Dan mit Ende dreißig gestorben war – habe ich wieder angefangen, in Weiß zu malen, was vielleicht meine Art war, mit dem Verlust dieses begabten jungen Mannes fertig zu werden, dessen Leben als Schriftsteller, Musiker und wunderbarer Mensch so vielversprechend schien. Also begann ich wieder, auf diesen vorgefertigten weißen Leinwänden zu arbeiten und diese kleinen weißen Bilder zu malen. Ich befreite meinen Kopf von allen Vorsätzen und bemühte mich, nicht vorab zu entscheiden, was auf der Oberfläche landen sollte. Ich trug nur sehr stark verdünnte, blasse Farben auf, saß an einem Tisch, goss, ließ sie tropfen und beobachtete, was passierte, wenn sie sich ausbreiteten, verliefen, sich in Vertiefungen ansammelten, die auf der Oberfläche geometrische Formen bildeten. Ich wusste, was passieren *konnte*, aber ich wusste nicht, was genau passieren *würde*; und bevor ich merkte, was eigentlich passierte, passierte etwas – es bildeten sich Kreise, Linien, eine Geometrie, die aus der Farbe auf der Oberfläche auftauchten.

Ich fand es faszinierend, eine fertige Leinwand zu übermalen. Beim Malen wird eine Grundierung auf die Leinwand gegeben und je nach Auftrag dieser Grundierung strahlen die vorbereiteten, weiß gestrichenen Leinwände eine unterschiedliche Art von Licht aus. Wenn man eine fertige Leinwand kauft, kann man sie als Gemälde präsentieren, weil verschiedene Arten von Licht aus ihr hervortreten, aus der Pinselführung, der Farbgeometrie; man trägt ein Rot auf und darüber ein Grün, man sieht neue Farben – beispielsweise Violett –, die aus der Schichtung kommen. Die Spuren, die die Maschine oder der Pinsel auf der vorgefertigten Leinwand hinterlassen, erzeugen dieses violette Licht.

Um 2015/16 kehrte ich wieder zur weißen Malerei zurück. Mit der Hilfe meines guten Freundes Spencer Richards habe ich mich bei diesen Bildern wirklich ins Zeug gelegt. Ich benutzte weiße Dispersionsfarbe, ließ sie wieder über die Leinwand fließen, arbeitete manchmal innerhalb geometrischer Grenzen – wie beim Kreis im Quadrat oder der Unterteilung der Leinwand in drei horizontale Ebenen –, aber großenteils hatte ich einfach nur Spaß daran, zu beobachten, wie diese Farbtöne verlaufen und umherwirbeln.

Pia Gamon:
Wie hat sich der Umzug nach New York auf Ihren Umgang mit Farbe ausgewirkt?

Frank Bowling:
Nun, man könnte sagen, dass New York alles für mich verändert hat. Bevor ich nach Amerika ging, kannte ich einiges von dem, was sich dort abspielte – abstrakten Expressionismus, Minimalismus und so weiter. Aber zu Beginn meiner Laufbahn habe ich mich hauptsächlich mit den alten Meistern beschäftigt. Auf der Kunstschule bin ich immer in die National Gallery und die Tate gegangen und habe mir alles von Cimabue bis [Paul] Cézanne angesehen. Obwohl ich mich immer noch für europäische Maler*innen interessiere, war mein Umzug nach New York 1966 eine echte Befreiung; ich begann, mich mit der abstrakten Malerei Amerikas auseinanderzusetzen – mit Barnett Newman, Mark Rothko und so weiter –, und schloss Freundschaft mit anderen Künstlern wie Larry Rivers. Ich hatte auch dieses wunderbare Loft am Broadway 535, das mir den Raum bot, meine Ambitionen als Maler zu verfolgen.

In New York musste ich mich wohl wirklich mit der Minimal Art auseinandersetzen. War das nicht eine Erfindung von Richard Wollheim? Sein Buch habe ich noch irgendwo. Es gab da die Rezension einer Ausstellung Bob Rauschenbergs und seiner *Automobile Tire Prints* aus den 1950er-Jahren; das war, glaube ich, um 1965, als ich gerade darüber nachdachte, nach New York zu ziehen, und das Buch brachte eine ganze Welle von Künstler*innen hervor, mit Donald Judd an der Spitze, aber auch mit Leuten wie Ad Reinhardt. Ich weiß noch, wie ich die Retrospektive von Ad Reinhardt im Jewish Museum in New York sah. Dort ging die Minimal Art in einfarbige Malerei über. Reinhardt ist wirklich der Ursprung davon, seine Malerei aus den 1950er-Jahren, und der Dichter Frank O'Hara: Sie haben sich aus dem Surrealismus entwickelt. Natürlich gab es auch noch Yves Klein, der das blaueste Blau anstrebte. Seine Arbeiten habe ich in London gesehen, glaube ich. Er war eng mit Larry Rivers befreundet. Zu dieser Zeit befand sich das Zentrum der Kunst noch in Frankreich und alle wissenschaftlichen Theorien entstanden in Paris.

Pia Gamon:
Was oder wer hat die Entwicklung Ihrer monochromen Bilder beeinflusst und in welcher Weise?

Frank Bowling:
Es gab zahlreiche Einflüsse, aber meine Freundin Marcia Hafif war ein Liebling in diesen ganzen Gruppen des Minimalismus und abstraktem Expressionismus. Ich lernte sie kurz nach meinem Umzug von London nach New York kennen. Wahrscheinlich begegneten wir uns in Finelli's Bar in SoHo. Sie wohnte nur ein paar Straßen weiter. In New York gab es zu dieser Zeit ein sehr reges Kneipenleben.

Die Künstler*innen und nicht nur sie – Schreibende, Theaterleute und so weiter – trafen sich dort und diskutierten über alles Mögliche. Ich mochte Marcia Hafif sehr. Ich hatte großen Respekt vor ihr und war stark von ihr beeinflusst. Sie war sehr nett, großzügig, engagiert. Sie hatte ein äußerst feines Gespür für Kunst. Und sie studierte. Dann zog sie nach Rom und wir verloren uns aus den Augen.

Marcia Hafif war eine sehr begabte Künstlerin und ihre Farbstudien waren einfach wunderschön. Seit ich ihre Arbeiten kenne, hat die Farbe Gelb für mich eine andere Bedeutung. Bevor ich anfing, ihre weggeworfenen Bilder zu bearbeiten, fragte ich sie, ob ich sie verwenden könne, und sie war völlig ungerührt, charmant und sehr großzügig und erlaubte es mir. Das werde ich nie vergessen. Sie warf sie gewöhnlich in die Mülltonne, und ich holte sie einfach heraus und bearbeitete sie. Ich hatte den Mut, das zu tun, weil ich gelesen und mitbekommen hatte, dass es einen Maler gab, der alte Bilder übermalte; er kaufte sie aus zweiter Hand und verhandelte mit dem Künstler. Er arbeitete mit dem Italiener zusammen, der im Nebenjob Porträts malte. Als ich anfing, habe

„JEDES MAL, WENN ICH EINE GRUPPE VON BILDERN MALTE, MUSSTE MAN SIE AUF DIESES SCHWARZEN DILEMMA ODER KARIBISCHE DILEMMA FESTNAGELN. SIE DURFTE NICHT ALS KUNST QUA KUNST VERSTANDEN WERDEN; SIE MUSSTE GESELLSCHAFTSPOLITISCH ODER SOZIALANTHROPOLOGISCH SEIN. ALL DIESE DISZIPLINEN KAMEN MIR BEI MEINEN BEMÜHUNGEN, MALER ZU SEIN, IMMER WIEDER IN DIE QUERE, SODASS ICH MICH STÄNDIG WEITERENTWICKELN MUSSTE."

AUS EINEM INTERVIEW AUS EINEM INTERVIEW VON FRANK BOWLING MIT COURTNEY J. MARTIN, FRIEZE 2012

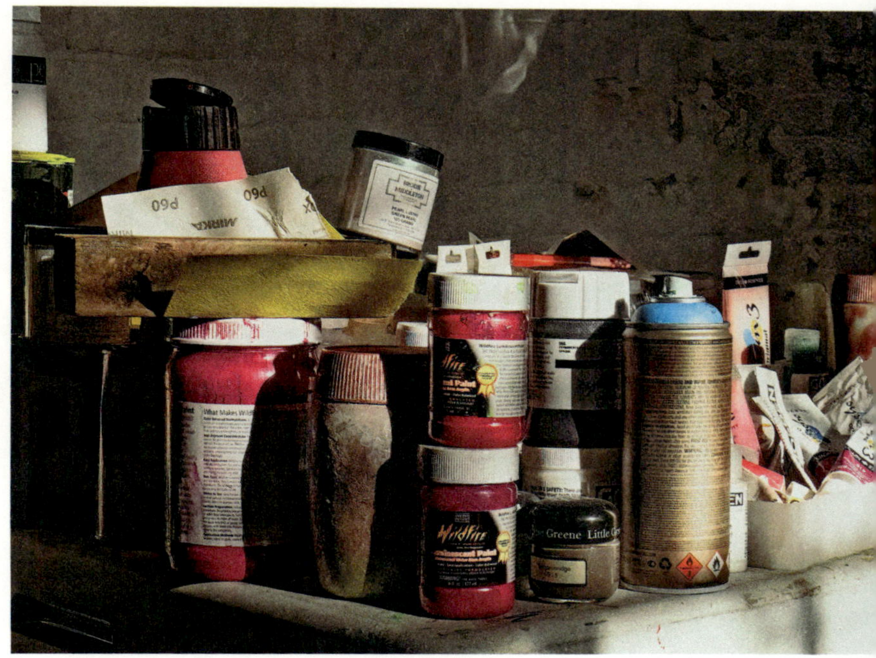

ATELIER / STUDIO FRANK BOWLING, 2020

MIDDLE PASSAGE, 1970,
ACRYL AUF LEINWAND / ACRYLIC ON CANVAS, 323 X 281 CM

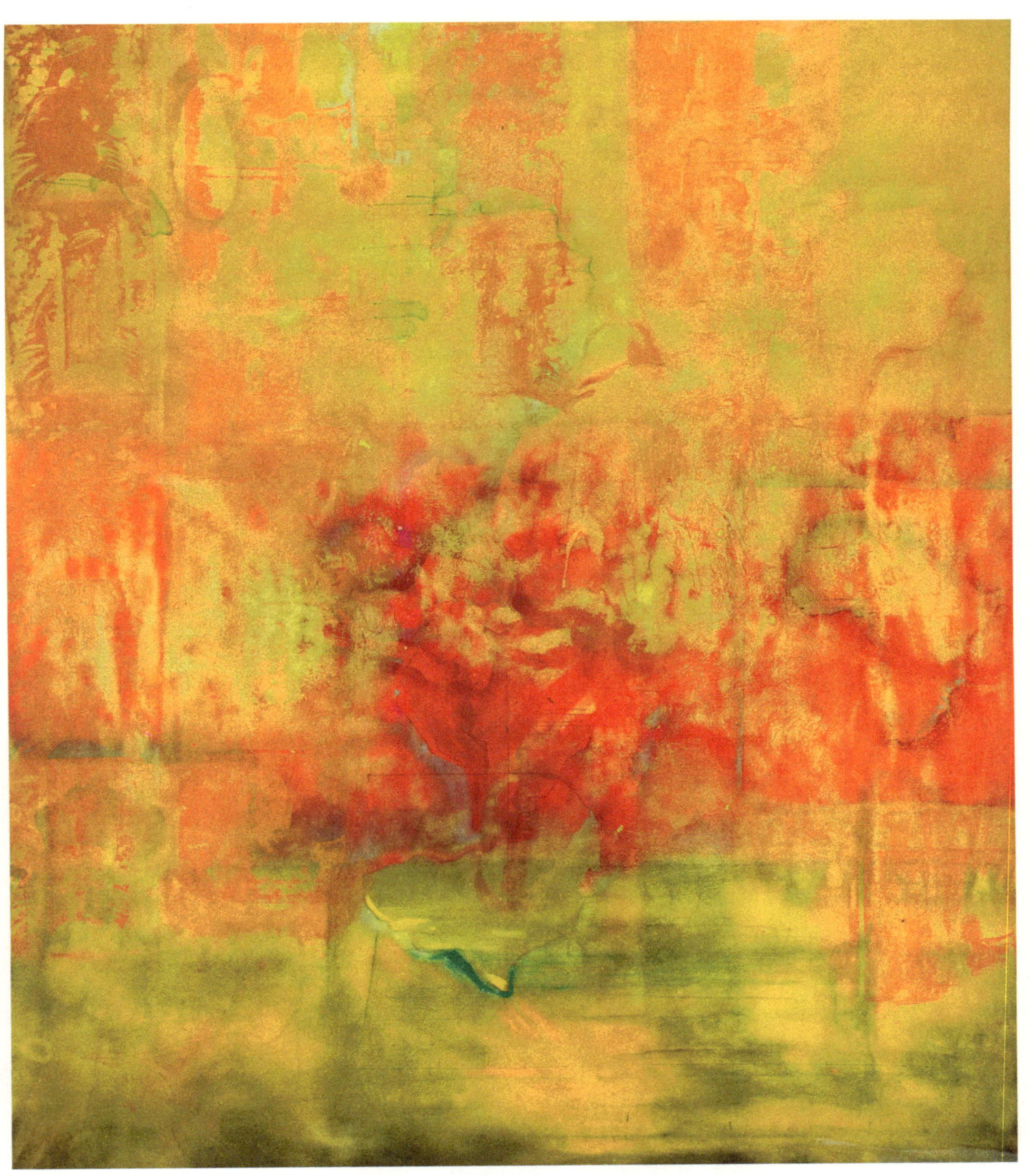

ich alles übermalt, was ich in die Finger bekam, auch die Werke anderer Leute, die in der Kunstschule auf dem Müll landeten. Es war eine ziemliche Herausforderung, die Arbeiten anderer Leute zu übermalen. Später brachte mein Freund David Evison die ausrangierten Leinwände von John McLean mit, so, wie ich am Ende die Leinwände von Arlington Withers benutzte. Er gab sie mir – nicht zum Sammeln, sondern zum Übermalen. Es ist eines meiner Geheimnisse, dass ich eine Menge Bilder anderer Leute übermalt habe. Ich schäme mich nicht dafür, ich bin nur nervös, was die Leute deshalb von mir halten werden.

Ich habe mir noch einmal ein Bild angesehen, das nach Hafif benannt ist. Es ist weniger als einen Meter im Quadrat, kastanienbraun, mit dem schwachen, geisterhaften Schatten des Hauses meiner Mutter. Dieses Bild wurde über eines von Marcia Hafifs Gemälden gemalt. Sie arbeitete immer mit diesen besonderen Farben – Kadmiumrot, Rotbraun und so weiter – auf Leinwänden mit einem bestimmten Größenverhältnis. Wir wurden enge Freunde und als wir über Kunst sprachen, sagte sie, sie sehe keinen Sinn darin, dass ich Landkarten von Südamerika und Guyana auf diese exakten Formen, diesen Untergrund setze. Ich benutzte sie wie vorgefertigte Leinwände, wie auch Jahre später, als ich die weißen Bilder machte; ein Freund meines Sohnes Dan hatte mir die vorbereiteten Leinwände geschenkt, die schon aufgezogen waren.

Pia Gamon:
Können Sie schildern, auf welche Weise Sie verschiedene Materialien entdecken und für ein Bild einsetzen?

Frank Bowling:
Bei den Landkartenbildern habe ich mich von der Erinnerung leiten lassen, die Landkarte Südamerikas in der Mitte der Leinwand zu zeichnen, aufgeteilt in drei Proportionen: oben, in der Mitte, bis zu dem Punkt, an dem sie sich am Boden absetzt. Ich habe sie auf dem Tisch gemalt. Die Farbe wurde auf den Tisch geschüttet und dann wurde das Bild auf den Boden gelegt. Das ist also ein Teil davon: Man fängt mit der Leinwand auf dem Boden an und lässt der Farbe ihren Lauf, man macht es einfach und sieht, was passiert. Es ist, wie eine Münze zu werfen! Man liefert das Material mechanisch der Oberfläche aus, von der man sich eine Rückmeldung erhofft, um mehr über den Prozess der Bilderzeugung und das Material, aus dem die Bilder gemacht sind, die Art des Materials und seine Möglichkeiten zu erfahren. Es steckt keine bestimmte Motivation oder Absicht dahinter. Alles geschieht unbeabsichtigt und doch nach festen Regeln. Diese ergeben sich aus den Ausgangsmaterialien und dem Untergrund, auf den sie geworfen, fallen gelassen, gegossen, gestrichen, geschleudert… werden. Die Klumpen und Unebenheiten breiten sich auf der Oberfläche aus und verlaufen.

Es kann einfach nur eine Sauerei sein oder es könnte etwas dabei herauskommen und einem zeigen, dass alles auf der Welt natürlich ist. Genauso, wie man Müll wegwirft, und aus dem Müll wachsen Blumen in den Schalen, Samen, Spänen, Büschen oder was auch immer, und um sie herum. Einfach Müll. Er ist wie ein Garten. Das ist der Wunschgedanke, der hinter der Aktion steht: Die Erde ist aus einer Handvoll Staub entstanden. Man weiß nicht, ob sie aufblühen oder eine Art unheilvolle Verkrustung bilden wird. Die Motivation hat etwas mit glücklichen Zufällen zu tun. Man begibt sich auf eine Reise, ohne das Ziel zu kennen.

Wie ich dazu kam, mich an der Lösung des Rätsels von, sagen wir, Cimabue zu versuchen: Ich bin darauf gestoßen, dass es eine klare Linie zwischen Cimabue und Cézanne gibt. Worüber sie seinerzeit sprachen, war das Material. Es war keine Kunst, die man als große Malerei bezeichnen könnte, denn Cimabue arbeitete meist mit klumpigen Substanzen. Es ging nicht darum, etwas zu glätten oder eine Formel anzuwenden, sondern es wie eine Faust zu machen, um es vor den Augen aufzurollen; und es war flach. An dem Punkt habe ich angesetzt, denn es war sicherlich keine Bildhauerei. Es war auch keine Töpferei. *Es war Malerei*. Es war Malerei! Darüber konnte man in der Kneipe streiten, weil den Studierenden die Worte so am Herzen liegen und man über alles streiten kann, aber niemand schien es aufzugreifen. Und es ist immer noch da, nicht wahr, dieser Übergang von der Betrachtung des Raums als Raum zu einer Betrachtung des Raums als Fläche. Das ist immer noch da.

Pia Gamon:
Von den frühen 1970er-Jahren bis 2020 scheinen Sie mit den monochromen roten Bildern pausiert zu haben.

Frank Bowling:
Wie ich schon sagte, habe ich in den 1960ern begonnen, weiße Bilder zu malen, und bin im Laufe der Jahre immer wieder zu Weiß zurückgekehrt. Ich glaube, die Leute haben sich ein wenig zu sehr auf die Landkarten und die gegossenen Gemälde aus den 1970er-Jahren fixiert und nur wenige haben meinen einfarbigen Arbeiten viel Aufmerksamkeit geschenkt. Wenn ich jetzt zurückblicke, stelle ich fest, dass die Rückkehr zur monochromen Malerei nicht nur in den weißen Bildern zu finden ist. Aber mit ihnen hat es angefangen, mit diesen figurativen weißen Gemälden oder Schwarz-Weiß-Bildern von Bäumen und toten Vögeln, und mit schwarz-weißen Figuren, Paaren bei der Paarung, Frauen bei der Geburt und so weiter.

Aber wenn ich zurückblicke – und dazu bin ich aufgrund von Gesprächen wie diesem gezwungen –, stelle ich fest, dass diese Monochromie von einer Periode zur nächsten immer wieder auftaucht. Auf den Landkartenbildern zum Beispiel kann sie schwarz-weiß sein, rotbraun oder orange, gelb, blau oder rosa. Das wiederholt sich immer wieder in den 1980er- und 90er-Jahren und auch in jüngerer Zeit. Anfang dieses Jahres habe ich eine Menge ausrangierter Leinwände gefunden und sie übermalt; so entstanden neue Bilder in Blau, Grün und Orange.

Pia Gamon:
Schon sehr früh, im Katalog des Whitney Museums von 1971, sagten Sie, dass Sie „die Farbe fast ausschließlich anhand emotionaler Gesichtspunkte anpassen“. [2]

Frank Bowling:
Ich weiß sehr genau, wie Licht unsere Emotionen beeinflusst, also ja, ich folge dem Licht, ich folge der Farbe, ich folge der Stimmung, den Gefühlen. Der springende Punkt ist vermutlich, dass ich jetzt erkenne, dass ich mich neben all meinen anderen Tätigkeiten mit Farbe beschäftigt und sechzig Jahre lang einfarbige Bilder gemalt habe. Probiere es aus. Probiere es an. Probiere, es besser zu machen.

[2] Frank Bowling im Interview mit Robert Doty, New York am 14. September 1971: Frank Bowling, Whitney Museum of American Art, 1971. Siehe Seite 75.

DAN WITH MAP, 1967,
ACRYL UND SIEDRUCKTINTE AUF LEINWAND /
ACRYLIC AND SILKSCREENED INK ON
CANVAS, 129,5 X 106,5 CM

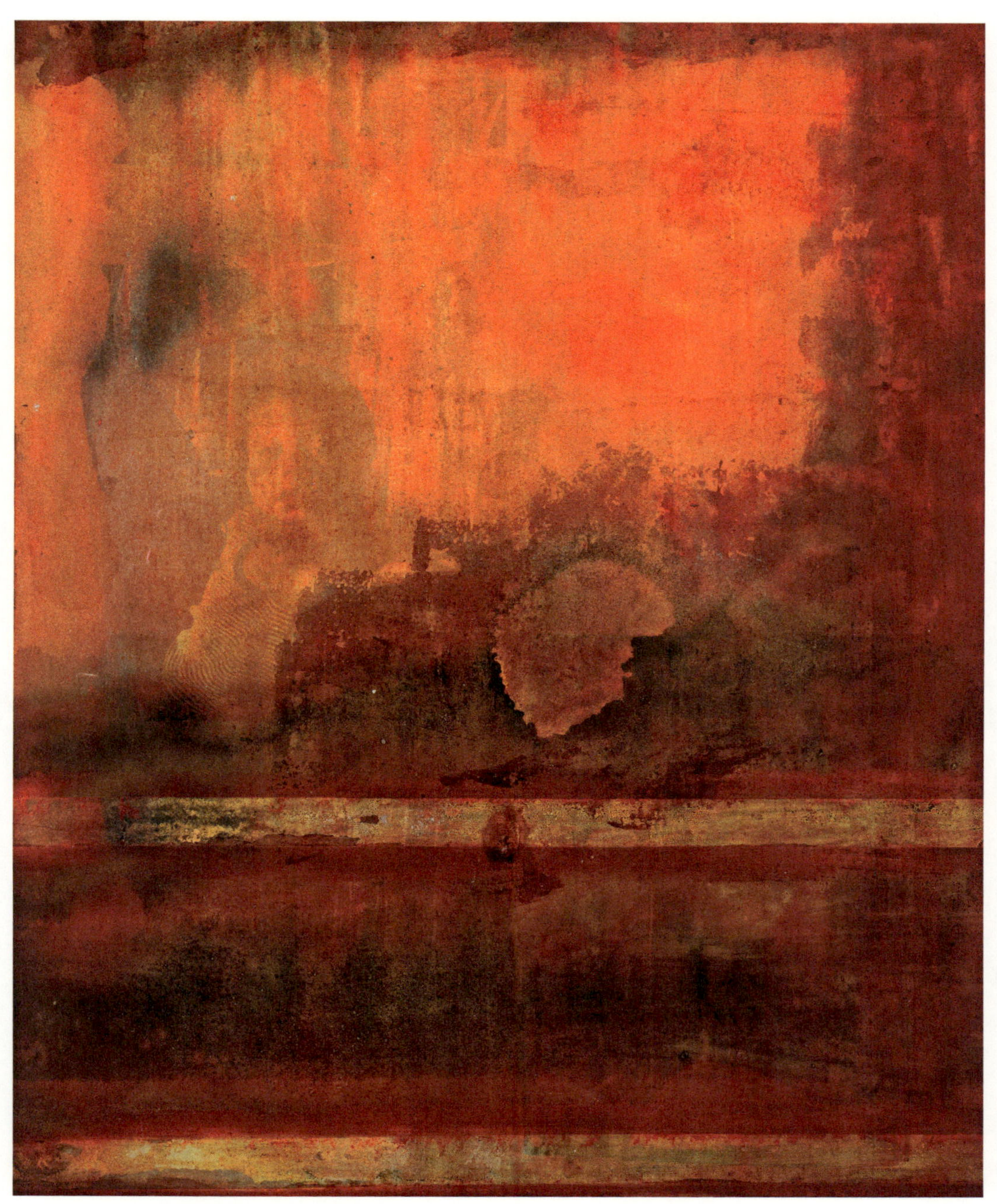

FALSE START, 1967,
ACRYL AUF LEINWAND /
ACRYLIC ON CANVAS, 161,9 X 129,5 CM

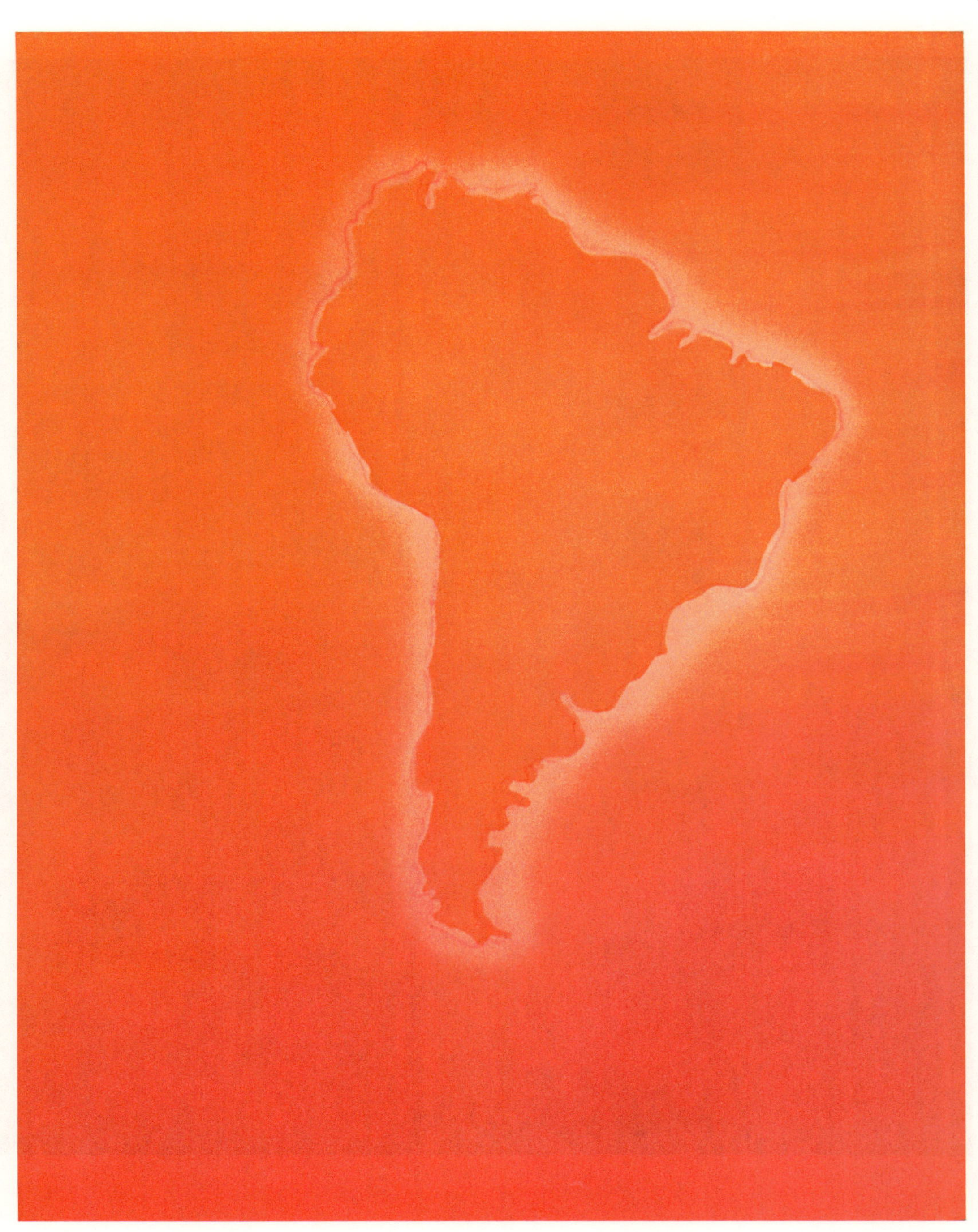

MARCIA H TRAVELS, 1970,
ACRYL AUF LEINWAND / ACRYLIC ON CANVAS, 305 X 570 CM

DOUGHLAH G.E.P, 1968–71,
ACRYL AUF LEINWAND / ACRYLIC ON CANVAS, 228 X 182 CM

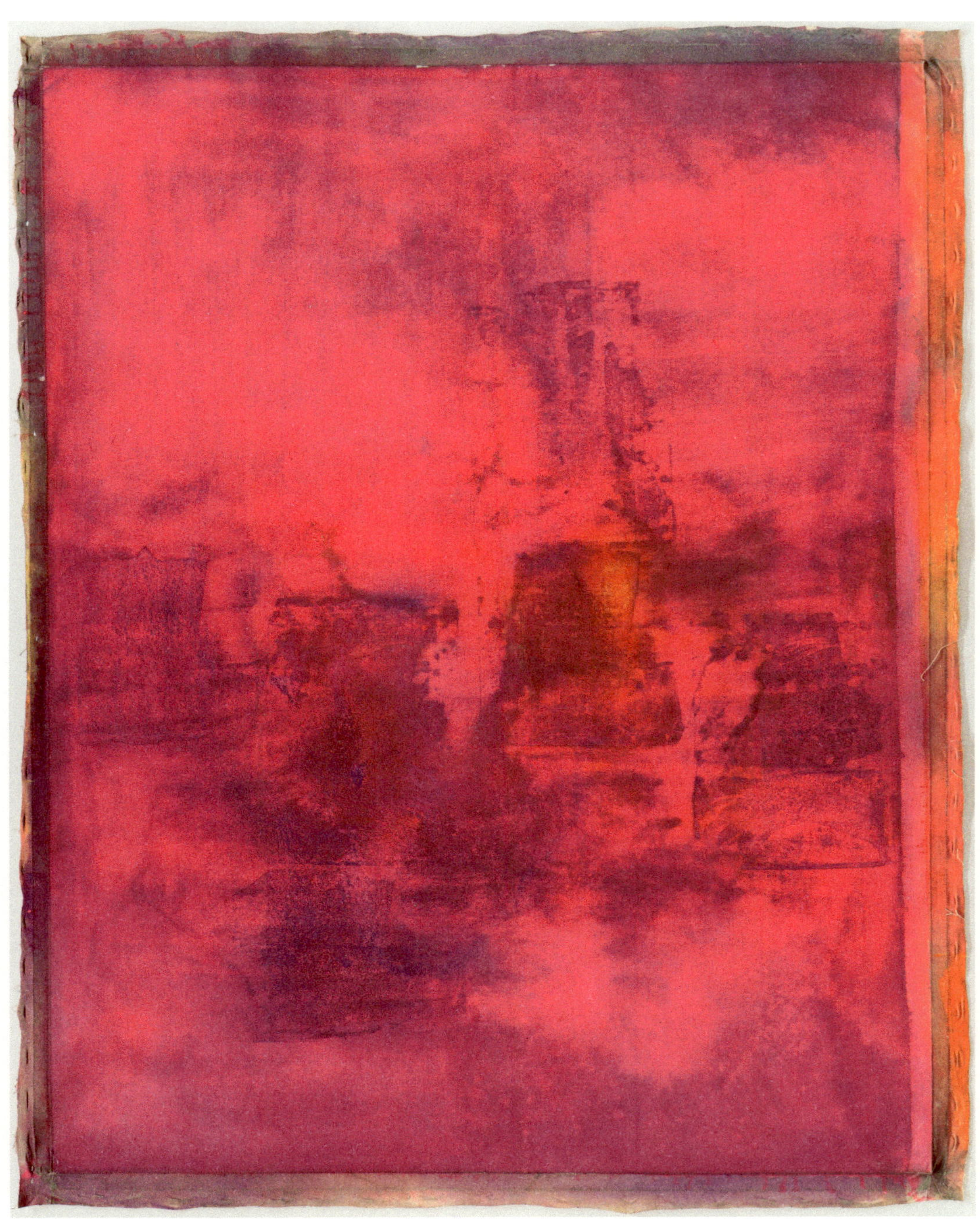

SOUTH AMERICA SQUARED, 1967,
ACRYL UND SPRÜHFARBE AUF LEINWAND / ACRYLIC
AND SPRAY PAINT ON CANVAS, 243 X 274 CM

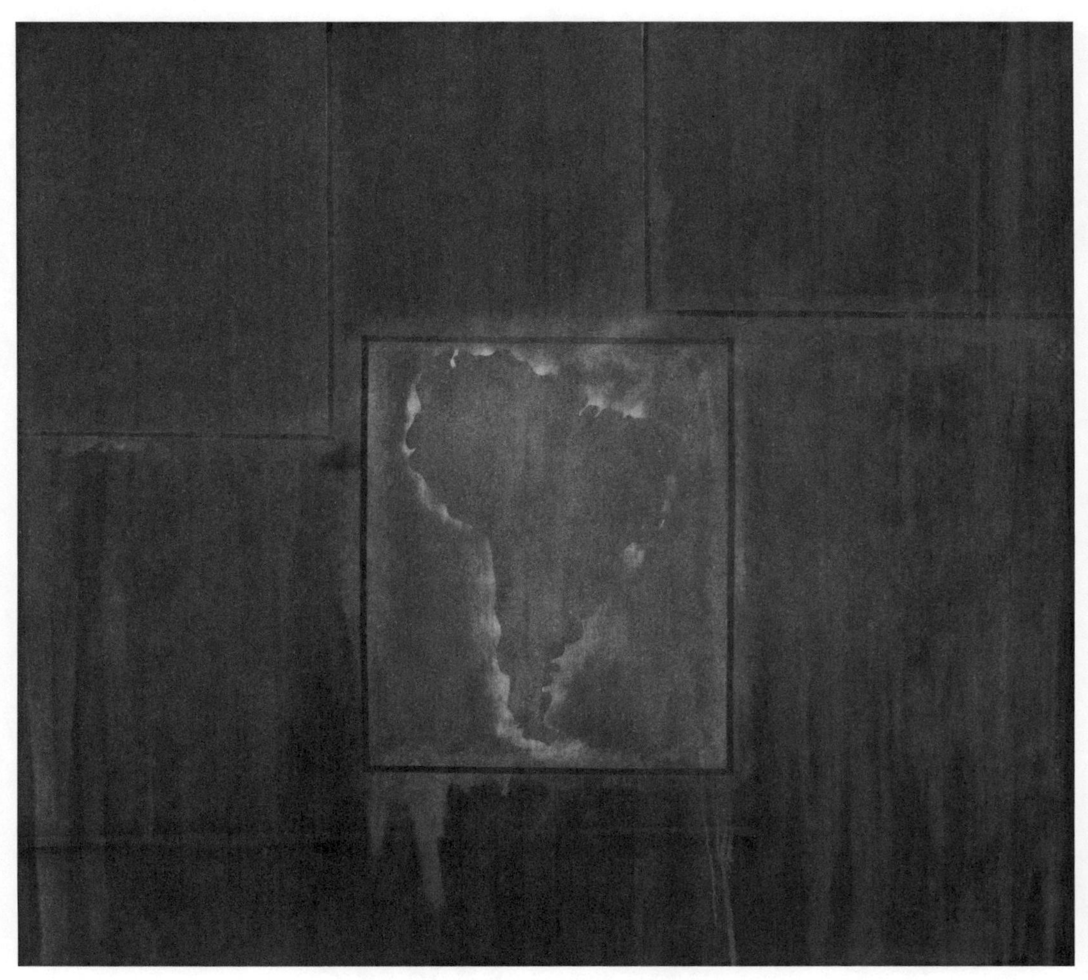

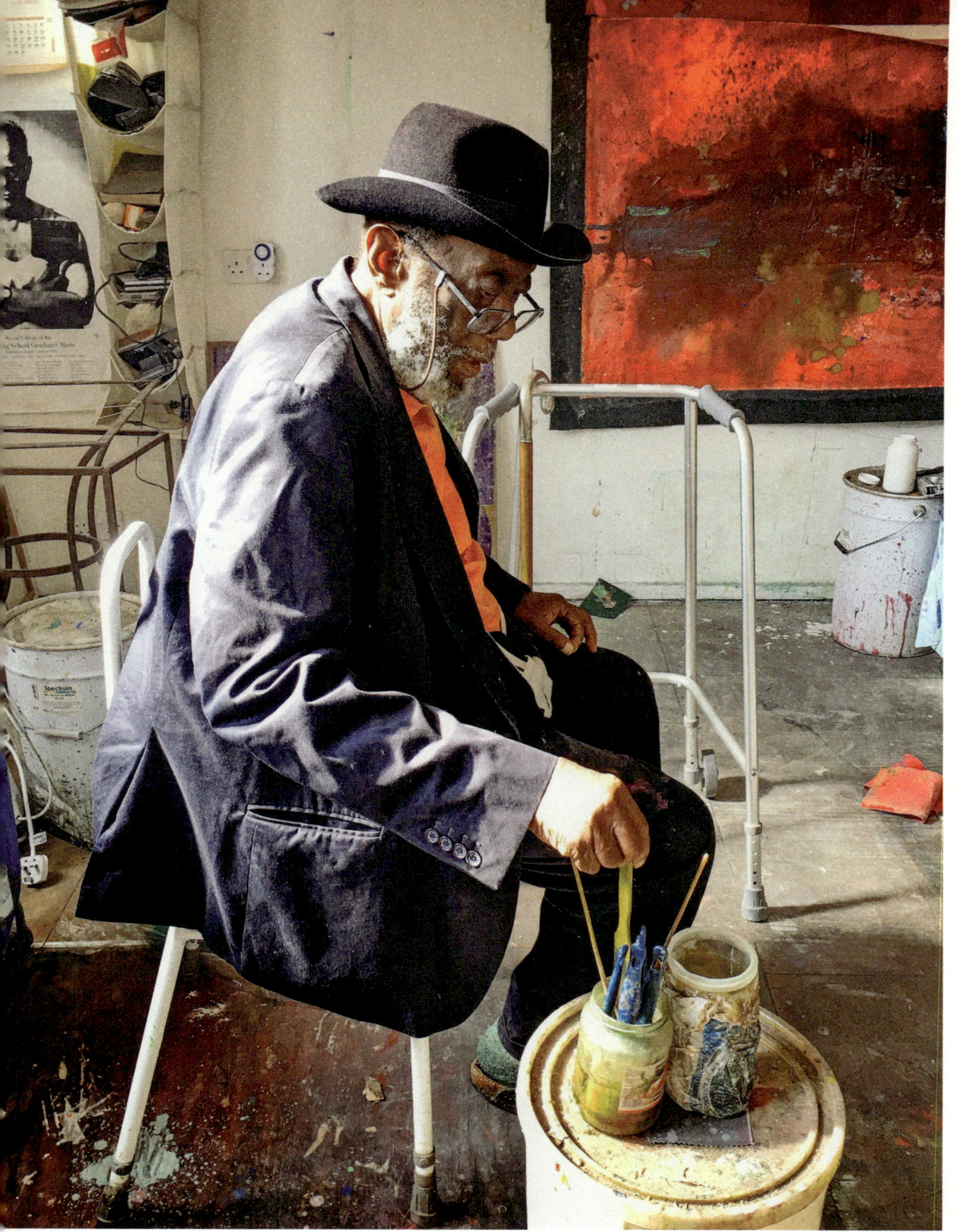

FRANK BOWLING
IN SEINEM ATELIER / IN HIS STUDIO
MIT / WITH FLOGGING THE DEAD DONKEY, 2020

TRYING IT OUT. TRYING IT ON. TRYING TO DO IT BETTER.

Interview with Frank Bowling
Pia Gamon

Pia Gamon:
In an interview, you stated that you title works based upon moods and situations, so that they function as a diary for you: What could you tell us about the title you have chosen for the painting *Flogging the Dead Donkey*?

Frank Bowling:
Yes, it's quite true that the naming of my works is a kind of poetic thing, and it has something to do with noting down what I am seeing and feeling as I go about my work. It is, I suppose, something akin to a diary. When I first came to London in 1953, I thought I might become a writer or a poet, but I eventually realized that painting was my thing. It's all about *looking*, and that guided me in settling on a title for this work. As the paint fell, or was poured and fell, it started 'cooking' [1] and took on that animal shape.

[1] Bowling refers to his method of applying paint and other materials to the surface as 'cooking'. It is a creative process that resembles cooking in the sense that the artist combines ingredients—liquid and powder paint, metallic, pearlescent and fluorescent pigments, acrylic gel, chalk, found objects and studio detritus—that are poured, dripped, sprinkled or brushed onto canvas soaked with boiling water, household detergent and ammonia. The material forms pools of liquid that lie 'cooking' for days or even weeks as they dry out naturally or assisted by fan heaters. In the process the materials combine and interact with one another to create uniquely textured and colourful surfaces. See Laura Homer, 'Frank Bowling: Material Explorations', Tate Papers, No 31, 2019; Alexander Keefe, 'Frank Bowling', Artforum, January 2016.

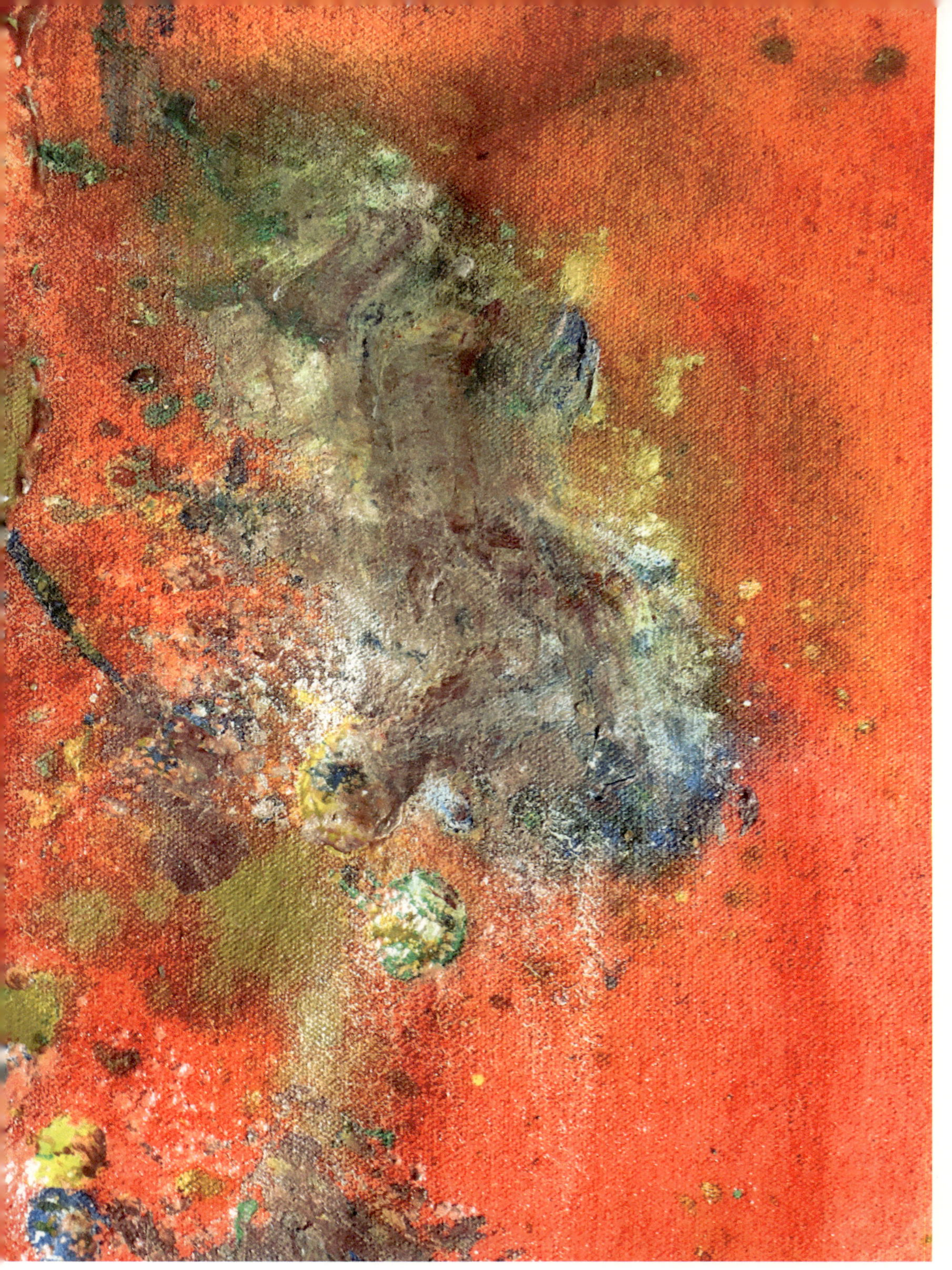

DETAIL FLOGGING THE DEAD DONKEY, 2020

Pia Gamon:
The English idiom "flogging a dead horse" means that a particular effort is futile, a waste of time without a positive outcome. What made you change it to "the dead donkey"?

Frank Bowling:
"Flogging a dead horse" is a common figure of speech having to do with pointless labor. It's the same in Guyana, where I grew up; but there were more donkeys than horses, so the phrase we used was "flogging a dead donkey." The title is also a kind of joke. Years ago, there was this comedy show on television called *Drop the Dead Donkey*. I have got no idea what it means; it's just a joke from a TV sitcom. But here, it's also an ironic comment on abstract painting. It was the fashion, especially in the 1980s, to proclaim the death of abstract painting. It was an ongoing dispute among younger painters: Abstract painting is dead, going nowhere, made redundant by photography or conceptual art or whatever; and monochrome painting was then, logically, the end point, the end of painting. Of course, I never thought abstract painting was dead; it's what has got me out of bed and off to the studio day in, day out for decades. It's what I do.

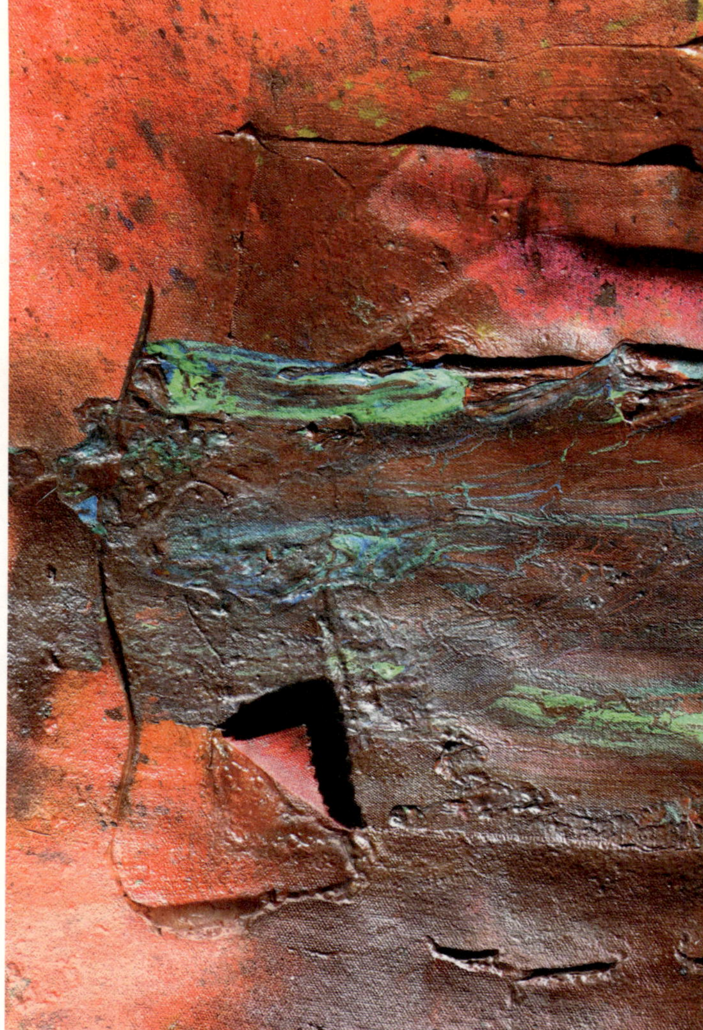

DETAIL FLOGGING THE DEAD DONKEY, 2020

Pia Gamon:
Would you say that the greyish form in the center of this work is what gave the painting its title, or is it rather an empty center emphasized by a non-coloured zone?

Frank Bowling:
My instinctual response is, of course, to look at the shape in the middle, the pouring down the middle; and yes, it takes on the shape of the title of the work. Looking closely at it again recently, the central panel of the painting looks like an animal pelt or leather. In the work, there is this dark red—call it maroon, reddish-brown, whatever—but in there, if you look closely, you can see all other kinds of things going on: there's, blue, green, all kinds of colours that have been brought into being when the work was cooking. And the colour carries the light.

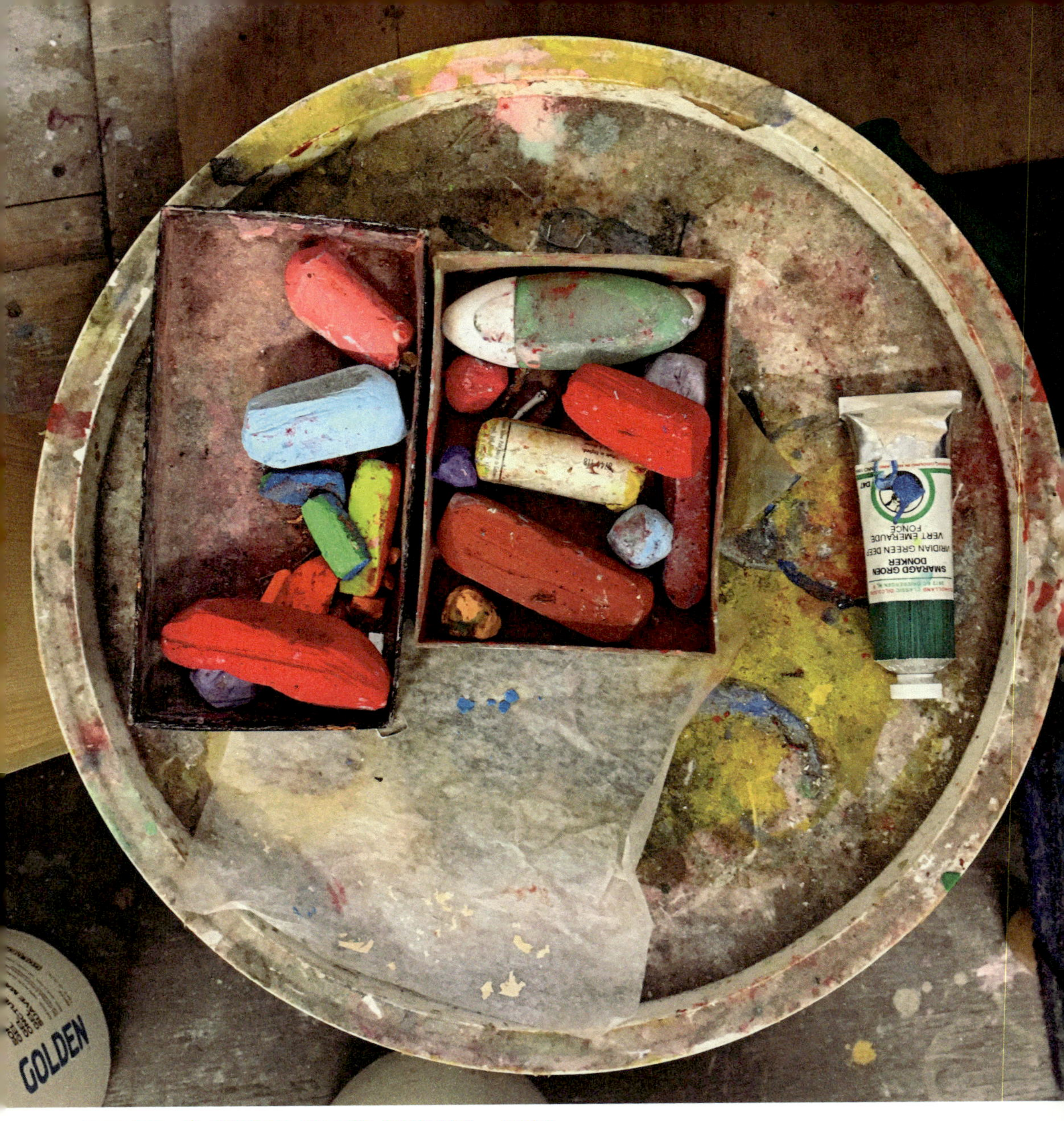

ATELIER / STUDIO FRANK BOWLING, 2020

"ON CONFRONTING PICTURES ONE ASKS ONESELF NOT ONLY ARE THEY GOOD? ARE THEY BAD? BUT NOW EVER MORE CRUCIAL: ARE THEY RELEVANT, IN WHAT SENSE, AND TO WHOM?" FROM: FRANK BOWLING, "PROBLEMS OF CRITICISM I-II-III-IV-V-VI", ARTS MAGAZINE, MAY 1972

This light comes from within. How else can I put it? Colour has light in it. Light emanates from the colour itself. And when certain colours are juxtaposed or run into each another, you see that special light that colour carries within itself.

Pia Gamon:
Is *Flogging the Dead Donkey* a peak of abstraction or its opposite?

Frank Bowling:
Gosh, what a question! Well, it's no secret that I am ambitious. And I do want to make paintings that will compete with the works of the great artists: [John] Constable, [JWM] Turner, [Mark] Rothko, and so on. I don't know whether I could say that it's the peak of abstraction, but I certainly want to make good art, if that's what you mean? To contend, to be among the best—yes, certainly. But what I am most interested in when making abstract paintings is light. I see light all the time—you understand? The light in colour. Looking at a colour is about looking for light. When you spread the paint on a flat surface, it skips and bumps, and there is a special light that comes out of the painting, red over green or over yellow, in the spreading of the flat paint over a flat surface, when it spreads and bleeds, it skips a bit, and you see this light flashing through the monochrome painting. Working with just one colour provides a kind of freedom because there are no distractions: I can focus solely on the surface, the dips and bumps; and the light that comes from the surface is more like a shiny purple or pink.

Pia Gamon:
In the context of your first gallery exhibition at Grabowski Gallery in London in 1962, you were cited as saying: "I like to push the paint to its limit. When I work on a small canvas, I constantly want to take the paint over the edges." Did this kind of desire lead to a painting like *Flogging the Dead Donkey*?

Frank Bowling:
After the retrospective [at Tate Britain in

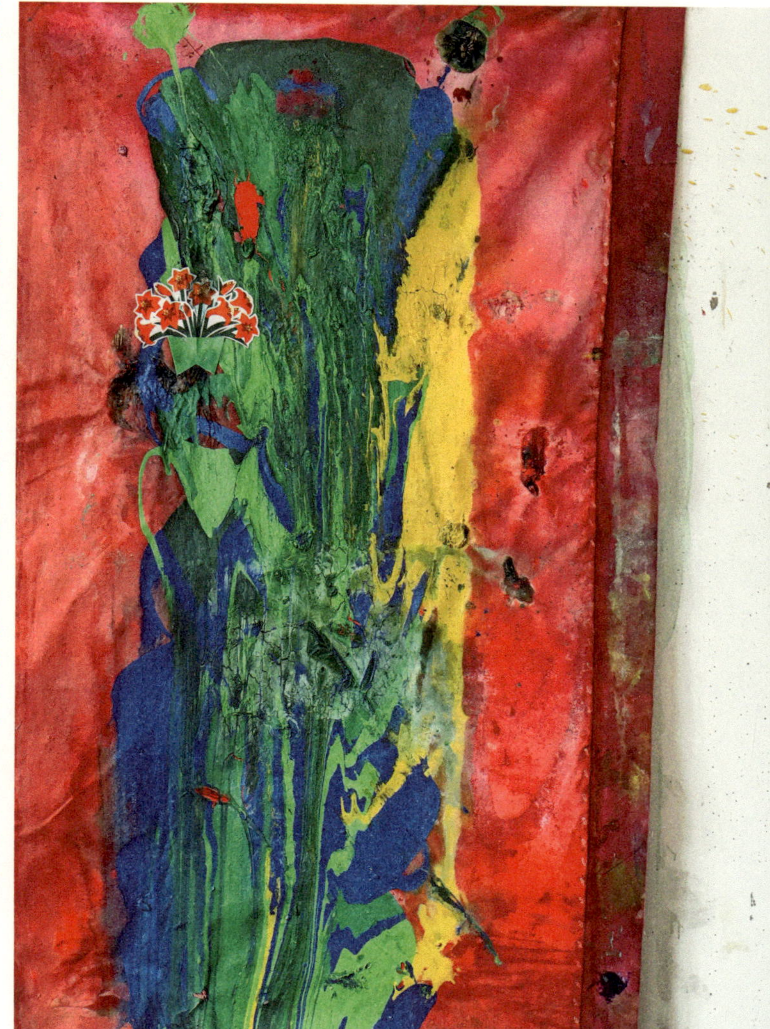

DETAIL 3 BLUES 2 GREENS ON RED WITH YELLOW, 2020, ACRYL AUF LEINWAND / ACRYLIC ON CANVAS

BROOKLYN II, 2004, ACRYL UND ACRYLGEL AUF
COLLAGIERTER LEINWAND / ACRYLIC AND ACRYLIC
GEL ON COLLAGED CANVAS, 100 X 82 CM

2019], people kept calling attention to my use of colour, bright colours especially, and I got sick of it. So, I decided to make some grey paintings—the idea was just grey—and I followed that for a while. Around the same time, I got it into my head to make a series of red paintings. In the end, I only made three—one with very little else, very minimal but red. And one with a big pour directly over the red surface, with blues and green and a sort of collage made out of a greeting card sent to us by my good friend, the art historian Julie McGee. And of course, the donkey.

My grandson showed me a film of me making the work in Peacock Yard, with the red canvas on the floor, pouring ammonia and gold powder paint over the surface, seeing how it would run, and then applying heat to see what we could get out of the surface. There's something happening in the central panel, with some of the canvas. It was Lenny Bocour [US paint manufacturer] who put me in touch with the fact that the ingredient that allows both oil and acrylic paint to spread was this stuff, ammonia. We used to get ammonia in the supermarkets in New York, but they stopped selling it; and then my friend Graham Mileson told me that Mylands was the place to get these powder paints, as well as ammonia. So, yes, I want to push the paint, the liquid paint, with water, ammonia, whatever, literally to the edge of the canvas and often over the edge.

Pia Gamon:
Could you describe what led you to the red colours of Flogging the Dead Donkey?

Frank Bowling:
Red is the most evocative colour. It suggests all sorts of things in life, doesn't it? But I guess it's not just red that I'm looking for. When driving—I don't drive myself, I'm only ever a passenger—but when you approach a red light, when it's about to turn from red to orange, to green, there is a special light that comes to the eye; in between that short moment, you can see red, turning into mauve, a very distinctively and intensively bright mauve. I check that over and over again. You never see mauve in traffic lights, do you? But you do! It turns mauve, just before it turns green. That's what I'm seeing. That's what I am looking for.

Pia Gamon:
Do you recall your first encounter with monochrome painting?

Frank Bowling:
I first started making paintings in white and shades of grey in the winter of 1961 going into 1962. I made a series of landscape paintings of trees in the snow, under the snow. I was waiting anxiously for my first son to be born, and I was making drawings and paintings of the backyard of the flat in which I lived with my first wife, Paddy Kitchen. We had a flat on Cedars Road in Battersea, running up towards Clapham Common, and I made a studio in a room with a view out into the back yard. There were these trees that extended into the back garden that ran down to the old horse lane and cut right through to the other road. There was a very heavy snow fall, and everything was covered in snow. It was all grey and white, and I made several paintings of that scene, a series of snow scenes, and so on. Around the same time, I was making pictures of dead birds and bones and bottles, all in greys and whites. So, I guess that's where it started.

Pia Gamon:
Could you tell me more about the white paintings? Am I right in thinking that you've returned to painting in white at various points in your career?

Frank Bowling:
Yes, many, many years later—another winter—Rachel and I got marooned in New York, after a massive snow fall in 2004, not long after my eldest son Dan had died in his late thirties, I started

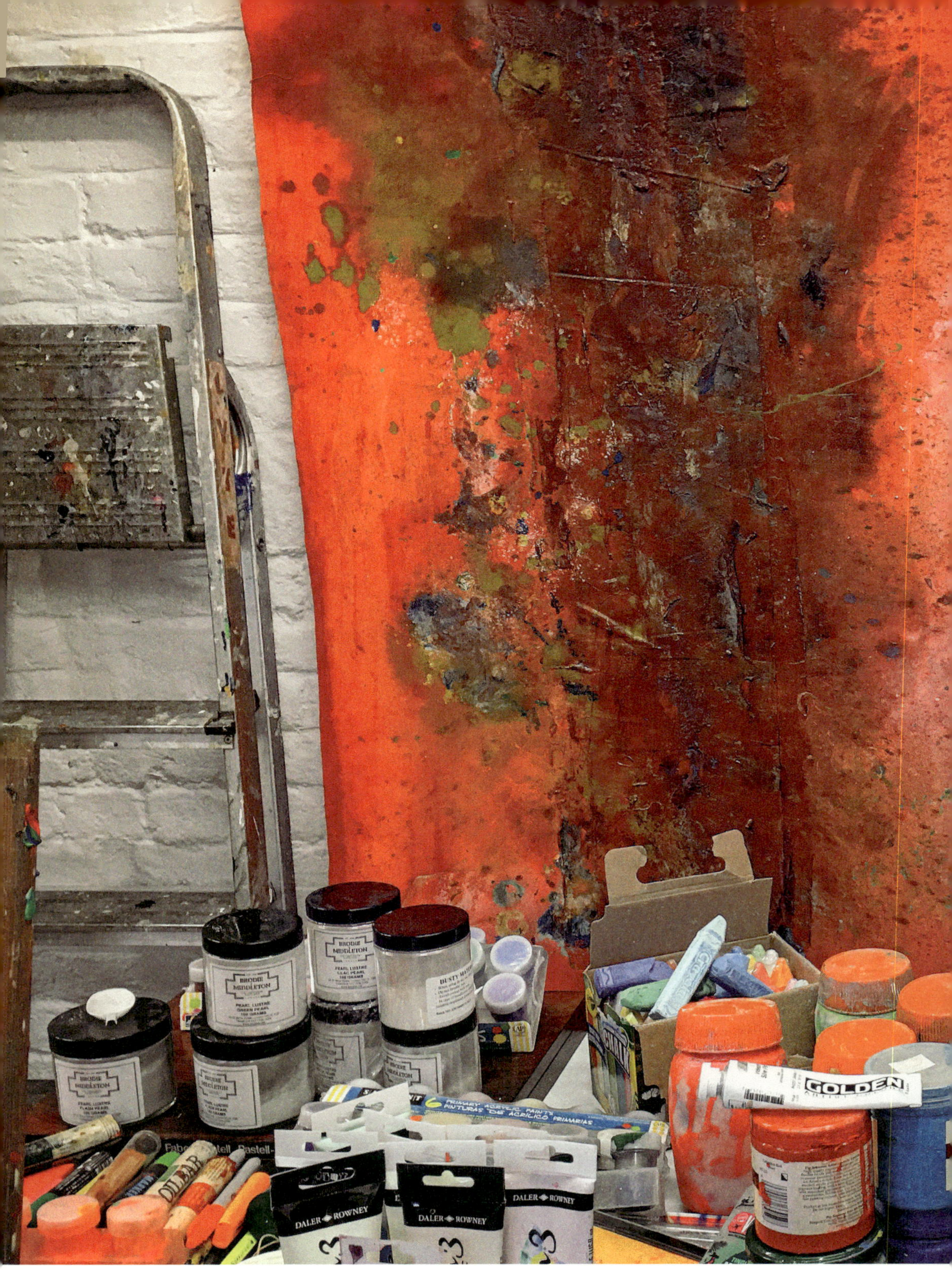

ATELIER / STUDIO FRANK BOWLING MIT / WITH FLOGGING THE DEAD DONKEY, 2020

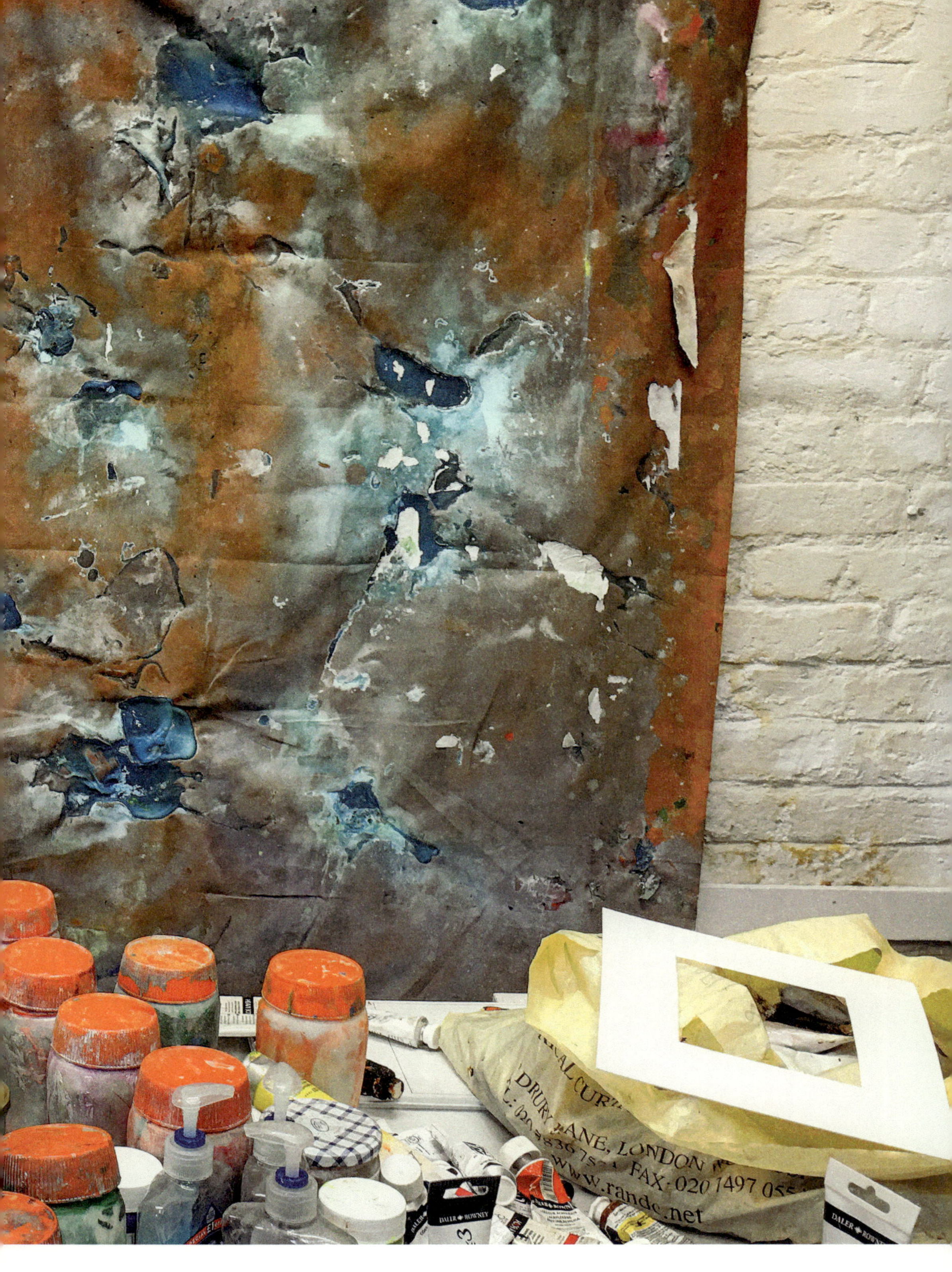
DRURY LANE, LONDON
www.randc.net
DALER ROWNEY

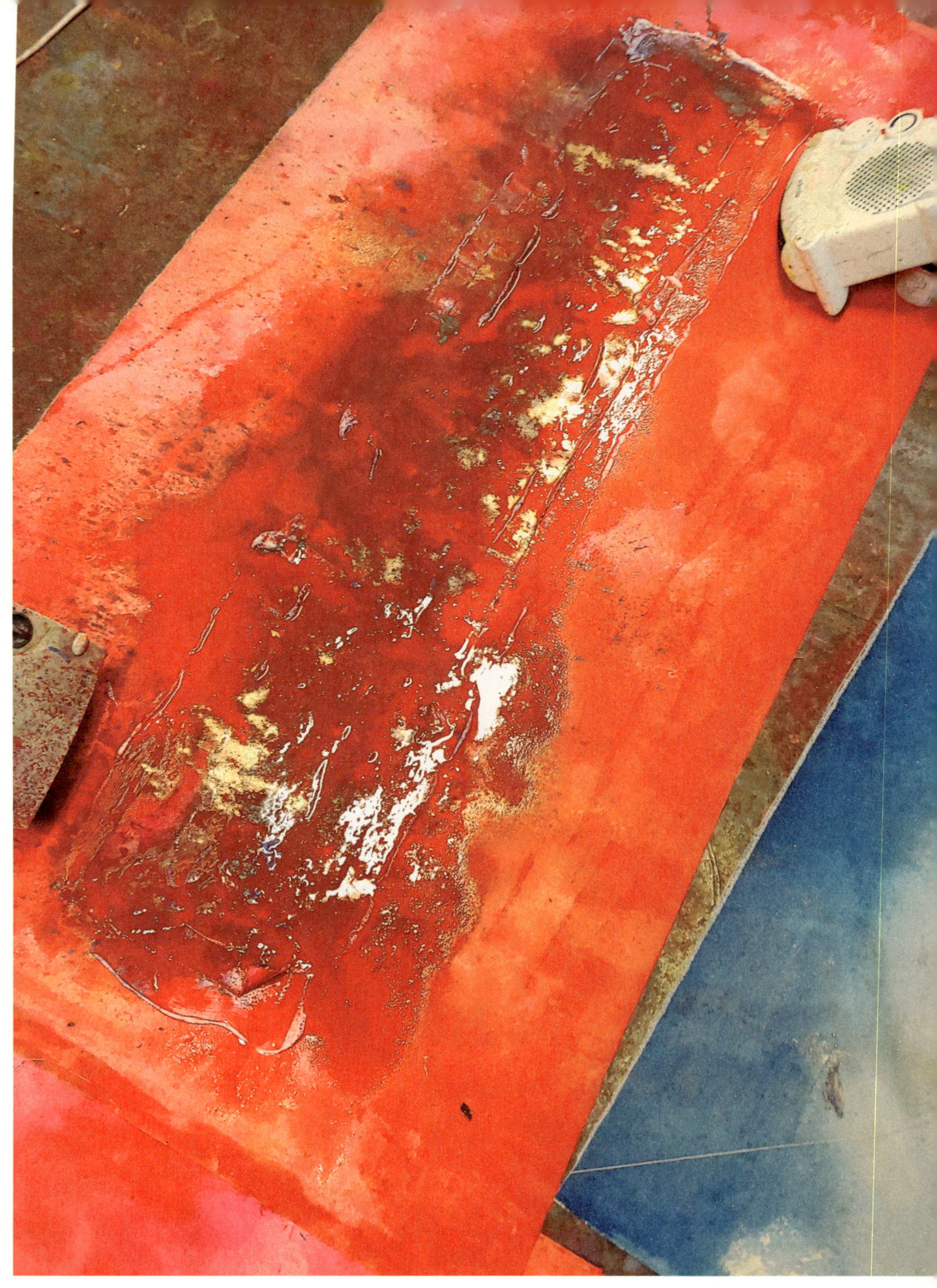

FLOGGING THE DEAD DONKEY, 2020,
PRODUKTIONSPROZESS / WORK IN PROGRESS

painting in white again, which was perhaps my way of coming to terms with the loss of this gifted young man, whose life seemed so full of promise as a writer, a musician, and a lovely guy. So, I started working again on these ready-made white canvases, making these little white paintings. I emptied my head of intention and tried hard to make no prior decisions about what would go on the surface. I would just put down very thinly watered-down washes of pale colours, sitting at a table, pouring, dripping, and seeing what happened as it spread, bled, pooled around containers sitting on the surface that created geometry. I knew what might happen, but I didn't know exactly what would happen; and things happened before I realized what was happening—the formation of circles, lines, a geometry emerging from the paint on the surface.

I was intrigued by painting over a ready-made canvas. Painting involves putting a ground down on the canvas, brushing the way that ground has been applied, a different kind of light emits from prepared canvases that have been painted white. If you go and buy a ready-made canvas, you can present it as a painting because different kinds of light that comes out of it, out of the brushwork, the colour geometry; you put a red down, and a green over it, you see new colours—let's say purple—that comes from the layering. The tracks that the machine leaves, or the brush leaves on the ready-made canvas, produces this purple light.

Then, around 2015/16, I went back again to painting in white. With the help of my good friend, Spencer Richards, I really went at it with these pictures. I used white emulsion paint, again letting it flow over the canvas, sometimes working within geometrical constraints—like the circle in the square or dividing the canvas into three horizontal planes; but for the most part, I was just having a good time watching these tints bleed and swirl.

Pia Gamon:
How did moving to New York affect your handling of colour?

Frank Bowling:
Well, you could say that New York changed everything for me. Before going to America, I knew about some of what was going on over there—Abstract Expressionism, Minimalism, and so on. But in the early part of my career, I was looking mostly at the old masters. When I was at art school, I was always in the National Gallery and the Tate, looking at everything from Cimabue to [Paul] Cézanne. And so, although I am still preoccupied with European painters, my move to New York in 1966 was a real liberation, and I started looking at the American abstract painters—Barnet Newman, Mark Rothko, and so on—and I also became friends with other artists, such as Larry Rivers. I also had this wonderful loft at 535 Broadway that gave space for me to pursue my ambitions as a painter.

I guess it was New York where I really had to get to grips with minimal art. Wasn't that an idea invented by Richard Wollheim? That book, his book—I have it somewhere. In reviewing Bob Rauschenberg's show, a *motorcar driving* one piece of canvas in black. That was, I think about 1965, just as I was thinking about moving to New York, and that gave rise to a whole wave of artists with Donald Judd at the helm, but also people like Ad Reinhardt. I remember seeing Ad Reinhardt's retrospective at the Jewish Museum in New York. That's where minimal art slipped into one colour painting. Reinhardt is really the source of it, his painting from the 1950s, and the poet Frank O'Hara: They developed out of the Surrealists. Then there was Yves Klein, of course, with his pursuit of the bluest blue. I think I saw his work in London. He was great friends with Larry Rivers. At that time, art was still based in France, and all the scholarly claims were being made in Paris.

HAFIF, 1969,
ACRYL AUF LEINWAND / ACRYLIC ON CANVAS, 86 X 87 CM

Pia Gamon:
What or who has influenced the development of your monochrome paintings and in what way?

Frank Bowling:
There are lots of influences, but my friend Marcia Hafif was a favorite among that whole group of Minimalists and Abstract Expressionists. I met her not long after I had moved to New York from London. I think we probably met in Finelli's bar in SoHo. She was living just a few streets away. Bar life in New York was very rich at the time. The artists, and not just artists—poets, writers, theatre people, and so on—used to meet in the bars and argue about all kinds of things. I was very fond of Marcia Hafif. I had a lot of respect for her, was very influenced by her. She was very sweet, generous, committed. She felt art in a very deep way. And she studied. And then she moved to Rome, and we lost contact after that.

Marcia Hafif was a very talented artist, and her colour studies were simply beautiful. Having seen her work, the colour yellow has a different meaning for me. Before I started working on her throwaway paintings, I asked her if I could use them, and she was very indifferent, charming, and very generous in letting me use her cast-offs. I will never forget that. She used to throw them in the bin, and I would just take them out of the bin and work on them. I had the courage to do that because I had read, and understood, that there was a painter who painted over old canvases; he bought them second hand, negotiated with the artist. He worked with the Italian who made a sideline of portraits. When I began, I painted on whatever I could get my hands on, including other people's works that were thrown in the bin in the art school. I found it rather challenging to paint over other people's work. And later on, my friend David Evison used to bring John McLean's cast-offs, rather like I finished up using Arlington Withers' canvases. He gave them to me, not to collect, but to paint over. It's one of my secrets, that I have painted over a lot of other people's work. I'm not ashamed of it, I'm just nervous about how people might feel about me painting over other people's pictures.

I've been looking again at a painting named for Hafif. It's less than three feet square, maroon, with the faintest ghostly shadow of my mother's house. That painting was painted over one of Marcia Hafif's paintings. She used to make works with these particular colours—cadmium red, puce, and so on—on canvases with a specific proportion. We became very close, and talked about art, and she said she didn't see the sense of me putting maps of South America and Guyana on these exact shapes, these carriers. I used them like ready-made canvases, like years later when I did the white paintings; these were given to me by a friend of my son Dan, these prepared canvases, already stretched.

Pia Gamon:
Can you describe your way of discovering and using different materials to create a painting?

Frank Bowling:
With the map paintings, I was guided by the memory of drawing the map of South America in the middle of the canvas divided into three proportions: the top, the middle, until where it settles on the bottom. It was made on the table. The paint was poured on the table, and then it was moved to the floor. So, that's part of it: Starting with the canvas on the floor, and letting the paint do its thing, and just doing it and seeing what happens. It's, you know, sort of pitch and toss! You mechanically deliver the material on the surface that you are hoping to get some feedback from, to enlighten you as to the image-making process, and stuff of which the images are made, the actual sort of material and its possibilities. The motivation, the intent, is unintended. Unintended yet given. It's given from the

basic materials and the ground on which it is tossed, dropped, poured, spread, skidded.... That's where the lumps and bumps on the carrier surface spread and bleed.

It can just be a mess, or it could come out showing you that everything in the world is natural. Like the same way you chuck out some rubbish, and out of that rubbish you see some flowers blooming in and around the skins and the seeds and the shavings or bushes or whatever. Just refuse. It's like a garden. That's like the wishful thought behind the action; you know, the earth was made from just a handful of dust. You don't know whether it is going to bloom or create a sort of doom-laden incrustation. The motivation is bound up with serendipity. One sets out on a journey, not knowing the destination.

How I arrived at trying to solve, let us say, Cimabue: I came upon the fact that there was a clear line between Cimabue and Cézanne. What they were talking about at the time was material; it was not art that you could say was a great painting, because he worked mainly in the globby substance. It wasn't flattening out or formula stuff, it was making it like a fist, in order to coil it through before your eyes; it was flat. That's where I started. Because it certainly was not sculpture. It certainly wasn't pottery. *It was painting*. It was painting! And you could argue that in the pub because words are so very near to the hearts of students, and you can argue about anything, but nobody seemed to pick it up. And it's still there, isn't it, this transition from looking at space as space, and looking at space as something flat. It's still there.

Pia Gamon:
From the early 1970s until 2020, you seem to have taken a break from making red monochrome paintings.

Frank Bowling:
As I've said, I started making white paintings in the 1960s and returned to white time and again over the years. I think that people have got a bit hung up on the maps and poured paintings from the 1970s, and only a few people have paid much attention to my work in a single colour. Then, looking back now, I'm seeing that the return to monochrome painting isn't just in the white paintings. Yes, that's where it started with these figurative white paintings, or black-and-white paintings of trees and dead birds, and black-and-white figures, couples coupling, women in childbirth, and so on.

But also, when I look back—and I'm forced to do so because of conversations like this—I find that the single colour is there, recurring over and over again from period to period. In the maps, for example, it could be black and white, or puce, or orange, yellow, blue, or pink. And that recurs over and over again in the 1980s, '90s, and more recently. Earlier this year, I found a lot of discarded canvases, and I painted over them; so there's new paintings in blue, green, orange.

Pia Gamon:
Even very early, in the Whitney Museum catalogue from 1971, you stated that you were "adjusting colour almost entirely through emotional leads." [2]

Frank Bowling:
I'm very conscious of how light affects our emotions, so yes, I'm following the light, I'm following the colour, I'm following the mood, the feelings. So, I guess the point is that I now realize that, alongside everything else that I've been doing, I've been preoccupied with colour, making single colour paintings for sixty years. Trying it out. Trying it on. Trying to do it better.

[2] Frank Bowling in an interview with Robert Doty, New York, September 14, 1971 in: Frank Bowling, Whitney Museum of American Art, 1971. See page 75.

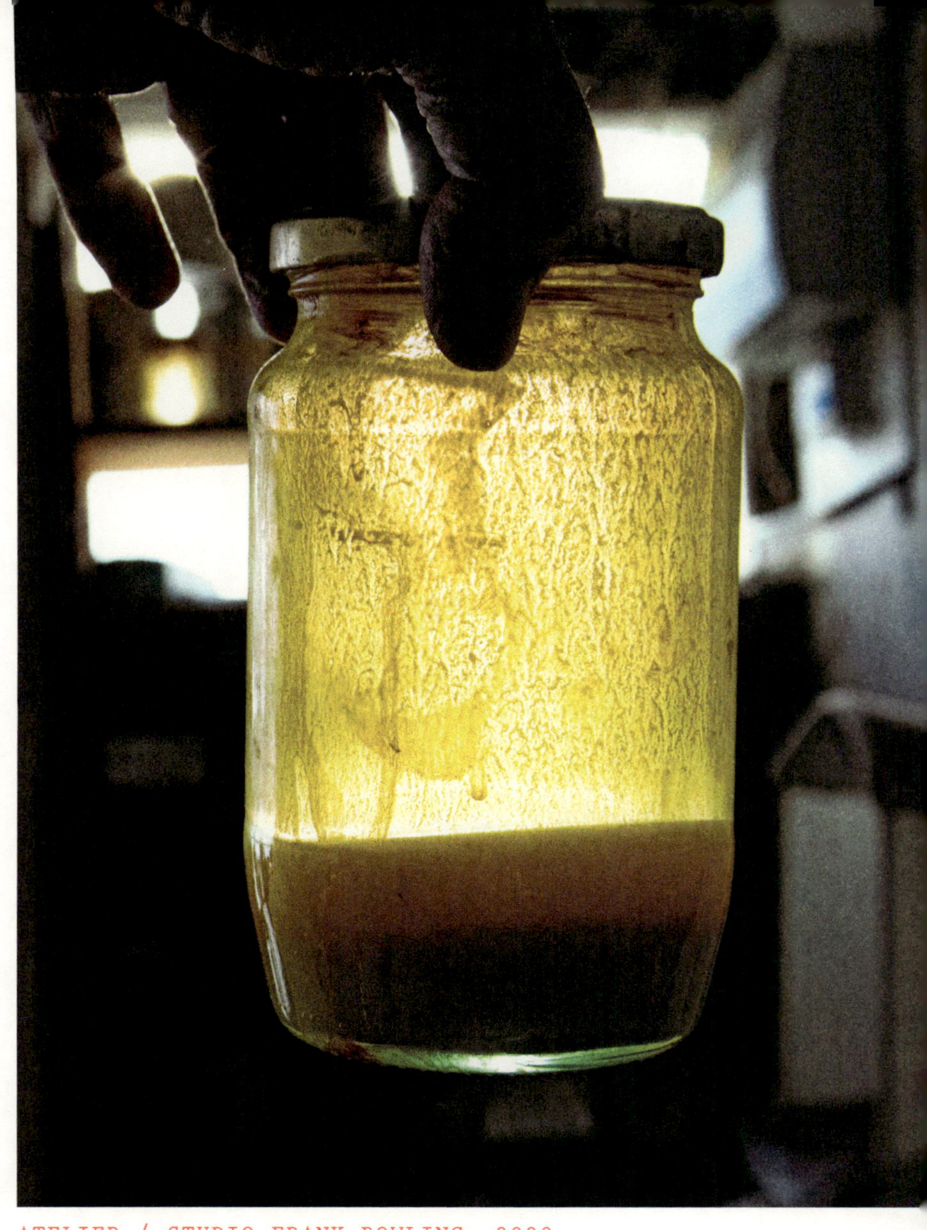

ATELIER / STUDIO FRANK BOWLING, 2020

"COLOR IN PAINTING IS DIFFERENT FROM ANY OTHER KIND OF COLOR BECAUSE OF THE TRANSCENDENTAL AND EVOCATIVE NATURE OF THE POSITION WHICH PAINTING FINDS ITSELF IN, AS A FIRST-ORDER ACTIVITY IN OUR SOCIETY." FROM: FRANK BOWLING, "STRUCTURE OF COLOR AT THE WHITNEY", ARTS MAGAZINE, APRIL 1971

STATEMENT VON /
BY FRANK BOWLING, 2 APRIL 1975

STATEMENT BY FRANK BOWLING

Before properly addressing myself to your main question (the one about "the prospects of painting in this decade") and to the three other numbered questions which follow, I am going to quote that esteemed and increasingly respectable British philosopher, Richard Wollheim. Professor Wollheim invented the term "Minimal Art" in the early 1960's and gave credence, by his authority & evident impartiality, to a movement in art which adopted this title as it's slogan.

The first paragraph of the preface of Professor Wollheim's recent book, 'On Art and The Mind', tells us that Professor W's interest (in Art and the Mind) as going back to his childhood. He says "...the kind of thinking that has gone into these essays... is remote from the infantile. And yet I doubt whether I would have found the effort worthwhile if it had not been for a sense of continuity with the past and also the presence of certain historical images never far away when I think of Art or of the Mind. Brought out into the day; these images seem banal or inadequate; *the box of thoughts, the curtains of the mind, the poet's inner voyage, the holy calling of art; but they are powerful enough to inspire dedication." On the same page Professor Wollheim continues, "...the lesson, to learnt only slowly, is that philosophy has virtually nothing to offer those who would rifle it. Like paint, it requires that we find ourselves in it before it gives us anything." He tells us that "...culturally, we are ...heirs to our adolescence...". This observation is very important & I would like to add that the adolescense to which I am an heir is Modernism. Abstract and representational, if these terms have any meaning, can only shed light on my life and what I love, in Modernist terms. Like Richard Wollheim, "I subscribe to the virtuous belief that all art and thought should treat of society" and likewise, "...inwardly I have always known that there were more interesting possibilities."

*This passage sets up, in it's train, so vivid an echo I cannot resist the temptation to ask your reader to see my Essay 'Problems of Criticism'[illegible]VL', Arts Magazine, May, 1972, Vol.46, no. 7.

STATEMENT VON /
BY FRANK BOWLING, 2 APRIL 1975

For me, ever since I found painting, these have been paint possibilitiess I tie my interests to <u>paint</u> & to painting.

Modernism, with it's myriad borrowings, it's abstract relations, it's often odd & mystifying juxtapositions, has been keeping morale very high in painting; at least for me & my friends - people like Gregiore Muller, Edvins Strautmanis, and Stewart Waltzer amoung others. The materials we use are within the scope of the average viewer and have been arranged, however seemingly harum-scarum, in convenient groupings goverened mainly by the internal structure of the given materials and the heightened state of the artist's feelings. This is a conventional approach which has it's roots in Manet, Momet, Cezanne, Matisse & even Picasso; artists whose pictures we pay strict attention to, but find no necessity to copy.

Like Marcel Duchamp & Jackson Pollock our pictures bear witness to the psychic, cerebral & specific cultural preoccupations of our time; and one with which the risk of making a bad, or incomprehensible painted image, only, can deal.

If, as you say, 'your thinking' refers to the fact that neither side has triumphed I can only say that this seems, in my view, to contradict your statement about painting & the current scene, and does put in question the claims made by 'Those understood to be making "the next inevitible step".' It follows that I do not believe that anything except perhaps technical skill in handling the rapidly increasing alternatives in paint substance due to enhanced & spreading manufacturing technologies, has affected general artistic moral in any other way than to have heightened it. And there are no possibilities for me, excepting perhaps sculpture, found elsewhere but in <u>paint</u> possibilities; which indeed does engage all my energies & ideas through it's challenges to my ability. And this last means my ability to express directly my states of feeling, which I believe are, at one & the same time, particular to me & universal.

FRANK BOWLING
10 Collins Street,
Blackheath,
S.E. 3

2nd April, 1975

By Frank Bowling

It's Not Enough to Say 'Black Is Beautiful'

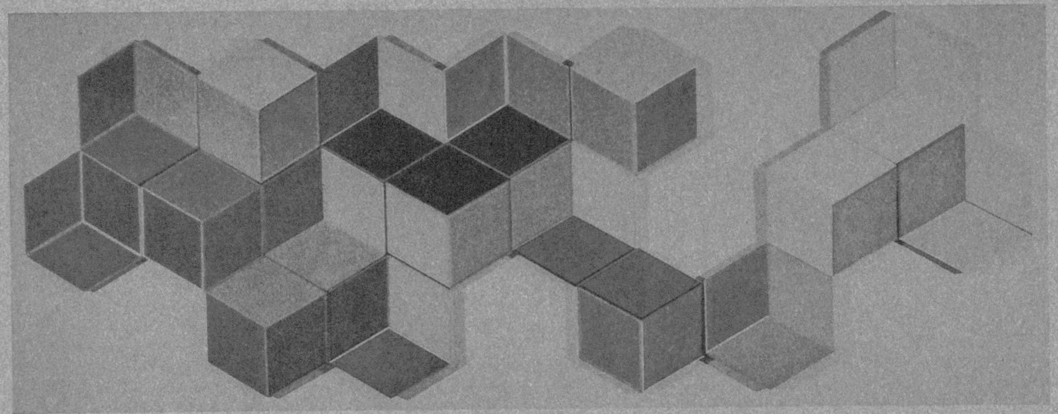

Alvin Loving: *Diana: Time Trip, 2,* 1971, 20 feet, 8 inches wide; Zierler gallery.

The problems of how to judge black art by black artists are not made easier by simply installing it; here a painter examines the works of Williams, Loving, Edwards, Johnson and Whitten as both esthetic objects and as symbols expressing a unique heritage and state of mind

Recent New York art has brought about curious and often bewildering confrontations which tend to stress the political over the esthetic. A considerable amount of writing, geared away from history, taste and questions of quality in traditional esthetic terms, drifts towards "relevance," arbitrating social balance and even quotas. For such writing to be serious, it must consider the artists' intent. Intentions, however, cannot be kept within formalist or literalist confines, even when the works display strong formalist or minimalist aspects. That the answers to questions of intent seem to match demonstrations of formalist or literal content, thus freezing the whole dialogue, leaves a highly complex, often fugitive and hence largely ignored area still to be investigated.

Much of the discussion surrounding painting and sculpture by blacks seems completely concerned with notions about Black Art, not with the works themselves or their delivery. Not with a positively articulated object or set of objects. It is as though what is being said is that whatever black people do in the various areas labeled art is Art—hence Black Art. And various spokesmen make rules to govern this supposed new form of expression. Unless we accept the absurdity of such stereotypes as "they've all got rhythm...," and even if we do, can we stretch a little further to say they've all got painting? Whichever way this question is answered there are others of more immediate importance, such as: What precisely is the nature of black art? If we reply, however, tongue-in-cheek, that the precise nature of black art is that which forces itself upon our attention as a distinguishing mark of the black experience (a sort of thing, perhaps, only recognizable by black people) we are still left in the bind of trying to explain its vagaries and to make generalizations. For indeed we have not been able to detect in any kind of universal sense The Black Experience wedged-up in the flat bed between red and green: between say a red stripe and a green stripe.

If formalism drove painting out of the arena of Action, and painting got to be more about itself as "process" and "thing" (we are not likely to forget the late Ad Reinhardt), painting didn't just isolate itself from questioning; it drove itself and the artists to declaring not just simply the works, but themselves, in a talismanic role. The art may be a simple box, but the artist remains a magician.

The painters I am about to discuss all work in New York. Although they all are black, they have been grouped together almost entirely in

Author: Frank Bowling teaches art history at the Massachusetts College of Art, Boston; he will be included among the Whitney Museum's forthcoming "Black Artists in America" exhibition.

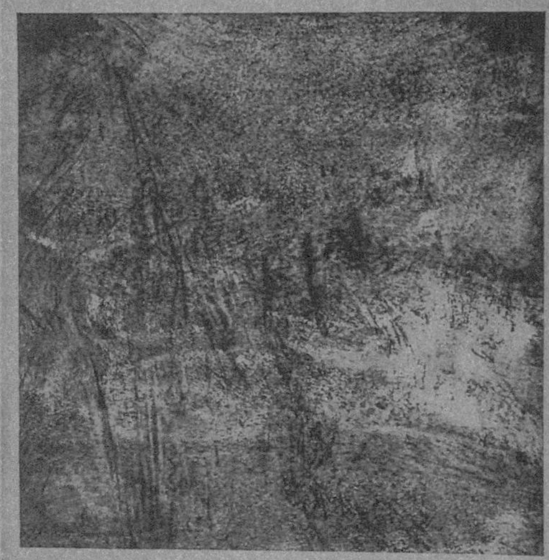
Jack Whitten: *First Frame*, 1971, 60 inches square.

relation to their role as artists. They first came together with the curatorial assistance of Lawrence Alloway and Sam Hunter in an exhibition called "5-plus-1" at Stony Brook University in 1969. Of the artists, Mel Edwards and Dan Johnson are sculptors, Al Loving, Jack Whitten, William Williams and myself are painters. It must however be understood that there are many other comparable artists, not necessarily connected with my main thesis but who must be included for reasons which will become clear both in this essay and in the future. These artists are the natural inheritors of modernism through the contributions of their ancestors in traditional African and modern art.

The arguments for an African legacy are often over-stressed and at times aggressively asserted. However there's no denying its emotional and political significance. It is clear that modernism came into being with the contribution provided by European artists' discovery of and involvement with African works, and their development of an esthetic and a mythic subject from it. But the point I am trying to make concerns the total "inheritance" which constitutes the American experience and that aspect of it with which black people can now (perhaps they always have) fully identify, due to the politization of blackness. It would be foolish to assume, as some do, that the development of modern art through the contributions of African ancestors is solely the property of blacks, for it is evident that the filtering process must include white consciousness.

I readily admit that this is partly a question of historical placement and time; it nevertheless remains a complex and pressing issue; to wit, a situation which does not shift objective facts, the works or the artists, into areas more readily meaningful. For there is a body of work and there are figures on the scene we simply have to deal with, no matter what the political climate is. At the same time parallel to the question of "intent" there is still the question of standards. How do we judge and salute works by black artists?

I believe that standards exist and complexity of "intent" can be judged by the ability of the individual artist: his ability to fulfil a meaningful talismanic role. But the meaningfulness of the artist's role in many areas of black life is similar to that of such popular figures as Imamu Amiri Baraka, Bobby Seale, Eldridge Cleaver and the late Malcolm X. It is interesting to note how the magic of the talismanic figure has been usurped by establishment art for its heroes at large, where we are led to believe that the most "relevant" artists are those who display the greatest "curatorial sensitivity." The trouble is that in an open-ended situation like ours, the establishment-hero functions more like an earnest modern Sunday school teacher—that is, hip.

Consequently, the artist-hero becomes a power behind the throne (a Western tradition which goes back to the Renaissance), or, worse, a priest saying the last rites. He is not at all the same thing as a caster-out of spirits, who, it was held traditionally, combined his panache as a showman with the ability to receive, set up and articulate universal vibrations within the confines of a particular community and discipline. My point here is that black anything—energy, life-style, myth, traditions, even music—is now public property to be used by anyone who cares to, but often this use or rerouting is heavily laced with misinterpretation and bad vibes, producing a kind of hysteria only explainable in terms of politics and suppression.

The problems containing if not yet strangling an assertion that "experience" forges the *content* of art are such that a general statement in today's open-ended situation is available to any interpretation. The central principle that everything which exists can be analyzed into substance and essence, forces one to shift ground over whether works touted under the black label are consistent and positive examples of Black Art.

This is a complicated business, but if we examine some of the works themselves, certain distinctions emerge. There are the political-realist works of certain New York, Boston and Chicago artists, still committed to a mode with a long tradition in American genre and also in 1930s painting. Such Social Realism, used to create an irrational hyper-reality, permits the play of feelings without necessarily either including or considering the limitations of reality itself. None of it measures up to the impact or immediacy of a television newscast.

Unlike, say, the Surrealist painters, who chose an illusionist style to articulate a heightened sense of the reality of their erotic and dream world, they direct their attempts at captivating a local audience and finding a way out of a cultural dilemma. An example of this is the much reproduced and talked about *Champion* by Benny Andrews. Both the work, which is an ungainly papier-maché, collage and rope job, and the sermon the artist apparently preached (parts of which were duly published in *The New York Sunday Times*) at the Boston Museum of Fine Arts (where the work was shown) for the benefit of a gathering of the brothers and sisters, stress the emptiness of a "magic event" at an exhibition of painting and sculpture which was not successfully turned into theater. (The establishment press and the exhibition itself jeopardized any possible future effort in this area by the inclusion of works which could not be considered even theatrical props, much less art. Press emphasis on this aspect simply turned Andrews' lecture/happening into the empty gesture of tokenism the Museum intended the show to be.)

The inherent problems are not resolved because, like so much bad Surrealist painting, this kind of art is a denial of both form, i.e. painting or sculpture, and that which truly exists in its own right, such as a tree, a table, a box, a man; as against a color or a relationship, in the disciplines of painting and sculpture which are a union of form with matter.

The true reality of particular entities is the embodiment in them of distinct form/matter as a species expressing itself in the spirit of the species, lending itself to being distinguished by such tried and proven (however arbitrary) substantives as, say, language-based systems (there is such a thing as black language in the U.S., as there is such a thing as *Neger Engel* in Surinam, a well-known source for the continuation of certain African forms in the New World). And people may agree to observe certain rules only, perhaps, because of man's inherent drive towards order. Then knowledge of that reality consists in the apprehension of the *specific* (unmistakable!) in an expression of the group mind of that species. It is in this sense that one cannot deny the claims made for such artists as Dana Chandler, Gary Rickson and Benny Andrews, who probably rightly deserve their reputations as having produced Black Art. But the divorce between art (painting) and life (politics) fractures or blocks the suggestive or evocative intention to call up the spirit of the situation or event; what remains are particularities, in a journalistic sense, of an event. What is missing is the feeling, the complicated response, not as history, even instant history, not now as television or radio, but as direct "inherited" experience.

A work of art with the power of making actual or implicit the nature of the species immediately apprehensible to sense perception and *more*, must also stand up to a rigorous analysis consistent with that which is "inside" the given discipline. The essence of the articulated experience may belong solely to the species; it constitutes its essence, and not what was contrived by politics, fashion or mannerisms. Thus it might be discovered that the species Black may have a *face* as part of its essence, whereas its *color* is merely an accident. Color does not in any way define *black*. It is not enough to say "black is beautiful."

The traditional esthetic of black art, often considered pragmatic, uncluttered and direct, really hinges on secrecy and disguise. The understanding is there, but the overwhelming drive is to make it complicated, hidden, acute. Being *up front* is so often given a double edge, often turning such things as language inside out. What was overlooked in Mel Edwards' barbed wire and chains show at the Whitney was his wit, in the tradition of Duchamp, kept afloat by Robert Morris and Les Levine. The elegance and deliberately loose-hanging serial geometry were a sure cover for painful implications. The fact that so many critics missed the point is a lesson in the separation of white from black. Inherent in this delivery is the bondage neurosis in top hat and kid gloves. This particular museum exhibition was not a game, but controlled criticism gone beyond anything Minimal or anti-form art had achieved. In terms consistent with the convention of dropping hints, Edwards "drew" a linear pyramid directly in a material whose identification is with agony; it is not the same activity as Morris or Olitski invoking the state of Fallen-on-the-floor. And Edwards' unforced delivery is the opposite of political-realist art. He reroutes fashion and current art convention to "signify" something different to someone who grew up in Watts rather than to "signify" only in the meaning of Jack Burnham and his colleagues. Never mind the implication of the "free *drawing*" of a pyramid as opposed to *building* one. This work was like taking the Classical tradition and Humanism by the ear and making them face reality from the inside. The trouble is if your gaze is elsewhere, only an act of violence will redirect you, and, as I've pointed out elsewhere, *don't burn the museum down*; this will only bar you from the art experience. Watching the museum burn is *a spectator sport*. Tangling with barbed wire hurts.

William Williams' work is like Frank Stella's in not being about memory. It's about discovery. There is almost no apparent residue, only amazed recognition as these bright abstractions register their charge to the eye and brain. The flow of energy is astonishing. But before I discuss Williams' work specifically, I want to establish a clear and to me obvious distinction between what Williams does and what Stella has done. Criticism, none the less influential for being word-of-mouth, seems to want to penalize the former. But I contend that this is what we are about: Self-evident change!

Stella and Williams don't share an educational background. One went to Abstract-Expressionist Princeton, the other to Bauhaus Yale. This simple fact is not only important, it's explicit. The influence on Williams' work, for very special reasons (social reasons, if you like, but it is self-evident from the nature of the background of white American art, that he, like so many others before him who also happened to be black, couldn't identify with it) was *not* Abstract-Expressionism. Instead it appears to have been European abstraction of the hard-won sort, represented by people like Albers, or even Johannes Itten. There is something (an attitude, a drive in so much of this energy) recalling the force of the Bauhaus, the inconsistencies of proletarian ambition; the implied, if not actual *kitsch*, of knowing too much and understanding too little, except in the larger societal sense. It is a kind of style and energy which glitters like a newly manufactured brass button.

Much of Williams' earlier work was close in spirit and execution to Lissitzky. The posture and the placing of forms recalled Russian Suprematism and re-enacted in an uptown situation things one had read about that kind of revolutionary drive. More important however, compare Williams' jazzy, jagged 1968-69 works (when they settle into the format of the dominant rectangle, after the confused burst of first encounter) with Lissitzky or Malevich and one gets a near equivalent of that circle-and-square tyranny dominating the intentful works of the Russians. One begins to appreciate that the content of this work is not about abstract decorative high art, but aggressive hammer blows in the uptight geometry of color and line. Everything in those paintings—colors as line, lines in between the colors—clashes wherever the elements meet in a confused surge of

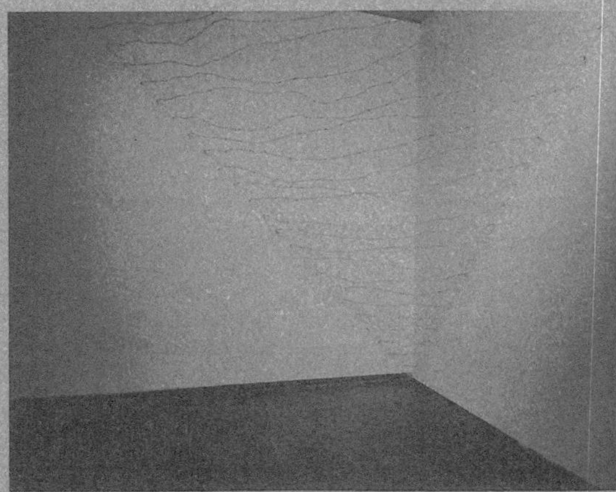

Mel Edwards: *Pyramid Up and Down Pyramid*, section, installation at the Whitney Museum, March, 1970.

Black Art continued from page 55

passion. The work is virtually irresistible, hallucinatingly original, when it should be pathetic and disastrous.

In the end there is a reason for this attraction toward European abstract revolutionary art, not unlike the late Bob Thompson's absorption in European old masters. Over and above Williams' Yale schooling—in the sense of a talisman—this brother is standing on the corner winning a round of "the dozens," hands down, against all odds.

The mood has begun to change in his recent work. In a four-part picture like *Overkill*, 28 feet long, what seem like leftovers of Cubist faceting have crept in, creating concave and convex drives, flattening and asserting equivalents or challenges to the surface geometry; but they seem on closer scrutiny more a flirtation with what has come down to us from the flattening of certain spherical forms in the sculptures of Baluba art (with its distinctly spaced out and incised hemispheric curves) than with any of Cézanne's discoveries. The picture switches from positive to negative, which intellectually implies cancellation. This is not such a new idea, in fact it is common currency. The astonishing thing is that just the opposite of the expected response is received. Looking at the painting top to bottom, left to right, the forced diagonal drifts both ways from the pink to the white panel through to the black and the off-blue into green at the end. You begin to want to hold on to *something*.

What is delivered through this hectic drive—a kind of circus go-cart sensation—is the idea that these pockets of space begin to exhaust one (they "giddy" the blood or whatever it is) because the exposed channels of the raw duck support, left like trails of tortured passage, have little to do with flatness, but build almost to relief. Kinesthetically the works begin to collapse in a confusion between painting and such sculptural objects as pyramids—pyramids which keep appearing in a tactile way, more sneaking up than appearing. It's as if a confusion of forms that once had to do with face masks and the psychological implications of the pyramid have come together to produce something completely original. Most of Williams' work is like this. I have difficulty convincing myself that they are paintings, even though painted. *Doctor Buzzard Meets Saddle Head* is almost completely red and green painting. The saturated green field seems to accommodate the busy lines and swirls on the left panel allowing an illusory pyramid of green on the right to assert itself with a kind of no-nonsense dignity.

In a sense (not our sense, but painting and sculpture), the subtlety of black experience, as articulated by behavior, is amply demonstrated in several examples from the recent heated past. What however is never fully taken into account, hardly ever acknowledged, is the pressured and sustained denial of the natural curiosity of blacks born in the new world. Since time immemorial blacks have had to content themselves with the "sneaky" approach. It is a tradition of subtle, driven awkwardness, now stretched to the breaking point, now suddenly a moment not of release, but of explosion of voluptuous, cynical amusement. Irony and sudden change, complete many-leveled contradiction are stock-in-trade and automatic. This is part genesis of the species and the finely wrought articulation of the sensitive. Most completely successful works by black artists can be viewed as direct, arrogant spoofs generated from a complete understanding of the issues involved in the disciplines. The game of white-face is not the same as black-face. Desperation takes on the image of survival and makes for grim touching irony in the face of extinction.

Robert Farris Thompson in an essay in *Black Studies in the University* points out that Anglo-Saxon America missed "an entire dimension of New World Creativity" and suggests that Afro-Carolinian potters made vessels "as a deliberate gallery of tormented faces in order to vent response to a slave environment." Further in the same essay he quotes a South Carolinian "Strut Gal" (accomplished dancer) of the 1840s: "Us slaves watched the white folks' parties where guests danced a minuet and then paraded in a Grand March. Then we'd do it too. But we used to mock 'em, every step. Sometimes the white folks noticed it but they seemed to like it. I guess they thought we couldn't dance any better."

Several black artists work in certain genres which I take to be pretty awful attempts at this spirit of "jive" (a word black people rarely use to mean dancing).

The work of Al Loving is a different story. Loving's educational background consists of undergraduate work at the University of Illinois and graduate work at Michigan. He also taught for five years in the Middle West. In fact Loving is very much a Mid-West middle-class or professional-class entity. Loving began as an Expressionist, and he still regards himself as one. However much of his early work (portraits of his first wife konking her hair, putting on make-up, etc., in front of a mirror) also implied the geometry it *grew out of*. Rectangular windows, mirrors, etc., echo the fact of the framing edge in a way that convinces through its consistency and persistence. Objectifying impressed itself on Loving through this earlier work *into* geometry to the discovery that "even a box can be a self-portrait." The emphasis in Loving's earlier boxes, apart from self-discovery, is on composition. Then he moved to change the shape of the supports of his canvases from the rectangular to other "viable structures." It was as though such perspectives could clear the confused or confusing Surreal imagery of the work of such an artist as M.C. Escher (whom Loving admires) and declare painting's distinct expressive content through structuring.

This observing through discovery of rules and insistent drive towards order, evident in Loving, is consistent with his background; it cannot fully be explained without a long dissertation on this gifted artist's development. His "activated banding," "small fine lines," which seemed so imperative in the segments, the individual hexagonal pieces recently dominant in Loving's work (like being boxed-in, incarcerated) have now given way to color mixing. In this sense one can say that Loving's earlier Expressionist color is changing: "I'm thinking about color as viable structure." Instead of "not being conscious [of color] except whether I like it or not." The interesting thing here is, much as Loving is convinced by his "natural" colorist sensibility, as one follows the progress of his work, the lines keep creeping back. That I could be fooled by an apparent elimination of lines in these big pieces is heartening. But the lines are still there as function in the pure sense. Loving says: "If I could get color that's strong enough, the lines would go...but anyway I like what the lines do."

For lots of rarely mentioned reasons, Loving's work denies sedate enjoyment, if less so than Williams'. It is discomfiting like any new kind of art, however much it may operate within the context of the already accepted, and hence be fliply *understood*. And it demands maximum attention if the black shared experience and heritage are not to go wasted.

Loving's *Timetrip One*, 25 by 12 1/4 feet, consists of 11 hexagonal pieces, painted on primed or in some instances unprimed cotton duck, in totally artificial colors, held together by cunning as well as by experiments with chemical formulas. It is an important work. Even the dense brushing and priming do not let the colors operate as anything more than tints. The opacity pushes the artificial light (under which most of this work is seen) back into one's eyes, to the extent that one can't *see* the color. It's ever too bright and dazzling, like bad, bad neon glitter.

A weakness in Loving's work, and it is reflected in his attitude, is rather like what went wrong with Neo-Impressionist painting. He seems to neglect the fact that color activants are not color expressions. His response, both intellectual and physical, is not essentially expressive (as was so much of what was done by the Pollock, Kline, de Kooning generation), but an ego trip into ways of excess or extravagance. Enormous paintings are more literal signifiers to a better way of life than those which illustrate freedom in realist or Expressionist styles.

Loving's painting intelligence is beyond question. After his early pictures, he decided that "just to go to other imagery made little sense...I could repeat *any* imagery and still come up with the same...I chose the cube or the box simply because it was a foundation to intellectualism...a sort of mundane form that could be very very dull unless a great deal was done with it." He was impressed by "Frank Stella's first pieces where he had dropped the Expressionist vocabulary about composition."

Even though painting is still dealing with the wall and the floor, its expressive content relates to how one responds to the object as a specific. Painting is so complicated that it really doesn't bear explaining except as to what it decidedly is not—i.e., not architecture or sculpture. In this sense, Jack Whitten's work gives off a sunny, glowing, natural response from somewhere in the spots of paint, pushed up from orange to that kind of rich grey one only gets from an instinctive and natural response to color. The color is not greyed-out. On first confrontation one may be confused until one realizes that this grey has a richness which must have something to do with weathered Southern sensibility exactly in tune with itself. Whitten makes "fine" paintings which his new technique of pushing the randomly selected color through a fabric screen of various dots on already wet and receptive *other* fabric (in this case cotton duck) makes for a kind of tough choosing that only such a sensibility can pull off. The pictures are so new and mysterious that only intuition tells me this *down home brother* has it in his hands, his mind, his psyche. His mind reading back to me is laughter. His very body action makes every mark without a mistake, even though painting is full of mistakes.

Dan Johnson's work is, he says, in transition. He is under no illusion as to what it is he is doing. His sculpture may be a spectator sport, but his commitment is without question. His position in the community is easily consistent with his status as a kind of *Ebony* magazine STAR, emerging into a larger society. It's more than Bill Bojangles Robinson tapping out and shuffling the *Star Spangled Banner* at a party for President Nixon...or Larry Rivers' arrogant remark about "a better life for black people with the emergence of people like William Williams..." If River's remark has any truth or meaning, it is only true in my opinion for Dan Johnson, who is a magic man and should be Mayor of Soho, at least.

REVISIONS: COLOR AND RECENT PAINTING BY FRANK BOWLING, ARTS MAGAZINE, MIT ANMERKUNGEN / WITH ANNOTATIONS VON / BY FRANK BOWLING. FEBRUAR / FEBRUARY 1972, SEITE / PAGE 45

Frank Bowling

REVISIONS

Color and Recent Painting

The most exciting and perhaps the most important art works being made in this last quarter of the 20th century are paintings: paintings which convey the universal structure and feelings therein almost entirely in terms of color. To assume, as some do, or even to assert, as has been asserted recently, that painting has always been involved with color, is to miss the point that paint color has little to do with color outside painting, such as color in nature. With the advent of the Impressionists, but especially with the advent of Cèzanne as a major figure, painting began to drift purposefully into a phase of criticism, a phase of contraction and isolation. Looking back on those times represents the kind of terror which most people who can do it—who can paint and paint well—can't handle. But, while painting continues to develop—to quote John Elderfield—"too frequently it is assumed that the causes that prosper at any given moment are the only ones from which further progress will come." There is a resistance to the idea of revision. Revisions are necessary. However, painting remains clearly the most important movement in the direction of a first-order activity since the 17th century Dutch Schools. There is a real difference between what Breitner, say, produced through the ideas of the Dutch Schools and what Van Gogh did with impressionist ideas. Van Gogh, like Cèzanne and the Impressionists, believed that the correct way to proceed had to be detailed analysis through the various kinds of marks one can make with paint color on canvas to realize, to stabilize, one's sensations through impressions. Whereas, the 17th century Dutch via an artist like Elshimer, the German, who so influenced Rembrandt through Renaissance ideas, believed very general powers of analysis; that is, generalizations about pictorial facts controlled by limitations, the limitation of the picture as framed, or picturing constituted understanding, or a real grasp of that which is seen. But since pictures must register or read, in order to convey the sensations that paint color demands of the eye and hence the emotions, the elements had to be separated.

Ever since Young, in a most casual aside, declared in 1807 at a lecture given at the Royal Society that "... it is almost impossible to conceive of each sensitive point of the retina ... contain(ing) an infinite number of particles, each capable of vibrating in perfect unison with every possible undulation, it becomes necessary to suppose the number limited, for instance, to the three principal colors red, yellow and blue ..." The theory, if not the actuality of limitation by rote, has stuck. There is no evidence that Young made any experiments to support this trichromatic theory of color vision. In fact, no important work seems to have been done for fifty years or so until Clerk-Maxwell made his brilliant analysis. Clerk-Maxwell actually chose red, green and blue as a color triangle to demonstrate that every color can be matched by suitable mixtures of fixed primaries irrespective of which color was taken as primary, providing when mixed, in whatever proportion, they form white. This extension of thought, for better or worse, is with us as fact. However, one thing is certain; the eye is able to discern boundaries. To use pure color in lambent intensity—to articulate pure paint color toward maximum emotional intensity, in its different combinations, harmonies etc., and not to use them to define objects—is quite simply a different business from aping nature color. A real problem this is; this business of making a dash or splash, a spot, a square, a rectangle of paint; pushed, dragged, flung or brushed to define concept after all become object. As Marcia Tucker implies in the opening lines of a rather rich catalogue essay for the exhibition, *Structure Of Color*, "Color affects the eye and heart, physically and metaphorically, more directly than any other single element in painting," paint color is not just simply different from nature color, it also does different things to the head and body. Through the act of seeing, which it shares with that out there (nature), light in light is a distinction locked in permanent decoration which yields a special kind of pleasure which, at the best moments, edits greed. *"That pure white (color as total canvas) crossed by violent harmonies which are transcended tenderly into 'lilac, rose ibis, Veronese green, angelic blue—incorporal colors,' vistas which give us that inexplicable sensation of freshness lavished by this choreography of fiery embers" is, in effect, totally beside the point when it comes to the moment that the feelings registered by looking at color are articulated.

Of the artists who seem, most positively, to have taken the position firmly in hand, evidenced by the marks they have made, one must of necessity pass on from Hans Hoffman, Matisse, Mondrian, Barnet Newman, Clifford Still, etc. and circumvent the Ken Noland, Jules Olitski position which is untenable. Color in painting promises new life. One of the most heartening things about Ken Noland's work, of course, is this promise. After a number of years there remains this stubborn promise, frail and wilder besides the point with every exhibition, emphasized, underlined even, with every distinguished picture. This work is stamped with paint color promise, hinting, but only, at this deep-rooted and everfresh vigour, even so. But at the heart of all this there lies a most terrible trap. The unity of Noland's painted surface possesses a spirit that taints its serenity; it relaxes, stabilizes itself as the eye wanders from juncture to juncture; it's a moment edging toward painful disappointment, even discomfort (if it's one shot and fleeting, it's not there) in works like *Aries Solo*, *Spring Sensation*, *Blues Intentions*; tall, skinny, elegant pictures, quite the opposite of "masses of limpid conflagrations ..." but they do drive one to the abyss. *Spring Sensation* demonstrates that dilution of solution bleeds to create new situations, dynamic situations perhaps, but not polemical. This yellow, nudging, nudging, green; line by line (like a page, like a scroll) is separated tall but not strong. Edgewise, is it blue? When it stops is it a firm picture of painted yellow?

Beyond this aforementioned trap, of course, is the loss of many stout young talents working with color in painting. This is a threat. Of the number we have seen this season, the positive growth of Gary Hudson stands out. Hudson's work seen this season at the Reese Palley Gallery tries on something which is a very marked quality in Cézanne. Hudson betrays Cézannesque ambitions with the use of volume as the keystone in a search for living color through spatial organization. It is not just the build up of the taped-in firmly placed rectangles off the mottled and seemingly less controlled

*Georges Duthuit

AUSZUG AUS / EXTRACT FROM MANUSCRIPT VON / OF ROBERT DOTY IM GESPRÄCH MIT / TALKING TO FRANK BOWLING IM / AT THE WHITNEY MUSEUM, SEITE / PAGE 3, UNDATIERT / UNDATED

that keeps me sort of constant is the fact that I need to push the ideas, as found, over the edge, to the extent ~~that~~ it for me ~~and~~ that is, ~~of course~~, ~~that~~ I feel it's reinvigorated and new. So, a color is a sense of a very personal thing. ~~I mean~~ I respond to color, and my response is very personal, ~~and this is the time~~ I'm adjusting color almost entirely through my emotional leads. ~~I think basically that the short answer that -- er~~ -- color plays an enormous part in my work -- if not the most important part. ~~And~~ I -- respond to it in a very individual way -- even though I'm aware of the structures that have gone -- ~~yah~~.

What antecedents are important to you, that you respect, that perhaps played a part in your work?

Well, of course, there are sort of lots and lots of them. I think that what made me - what fed my courage -- or what fed my enthusiasm and gave me courage to sustain myself painting in the face of a lot of family objections -- was the example of people like Goya - ~~er~~ - ~~er~~ - certainly, at the time when I started painting, Van Gogh was a very fashionable figure. And his whole, sort of, commitment, fascinated me. ~~And~~, in terms of the technical problems, I leaned very heavily on Rembrandt when I was a student. ~~I mean~~, I was very involved in the British Museum ~~and~~ the African Collection there. ~~And~~, of course, working as a student in London -- I was inspired to real painting. ~~I mean~~, I was very attached to the National Gallery where I was very involved in Italian Renaissance painting. There is an awful lot that I could name in the way of antecedents. ~~I mean, you know, like -- er~~ -- I'm still very fascinated by

HANDSCHRIFTLICHE NOTIZ / HANDWRITTEN NOTE VON / BY FRANK BOWLING ÜBER DIE TAKTILE BESCHAFFENHEIT VON FARBE / ABOUT THE TACTILE NATURE OF PAINT, UNDATIERT / UNDATED

The use of the word TACTILE is constantly BRUTALISED – The TACTILE properties of PAINT – if you paint that paint you can't feel its color at the same time one can see its color, when its color, & see its material thickness as well as Touch its material thickness – The especial sensation of seeing without touching, which is a particular attribute of painting, is frightfully muddled in the FRIED ESSAY for TACTILITY is a SENSATION of PRESSURE, TOUCH pressure not visual PHYSICAL RESPONSE.

HANDSCHRIFTLICHE NOTIZ / HANDWRITTEN NOTE VON / BY FRANK BOWLING ÜBER SEIN INTERESSE AN GEOMETRIE UND FARBE / DETAILING HIS INTEREST IN GEOMETRY AND COLOUR, ÜBERTRAGEN VON / TRANSCRIBED BY RACHEL SCOTT, UNDATIERT / UNDATED

My art is rule based; that does not mean ~~that~~ ~~the~~ individual ~~works~~ PICTURES are rules governed. Each ~~picture~~ WORK must operate on its own as a singular piece driven by its own internal logic. Even while there might be related ~~works~~ ITEMS since it is my practice to work on several areas at the same time.

Colour in my pictures ends up being intuitive and not calculated ~~and~~ measured; Rubrics within which rule based conclusions are measured, as in flags through to every kind of military symbol.
The push, pull, tension and momentary aesthetic clarity thereby giving balm to myself & the viewer.

In the beginning, from my early student days in the late 50s it seems in retrospect natural for me to cling to and lean on geometry. Working under the spell of J. Hambidge's "Elements of Dynamic Symmetry" it was my practice to start with a precisely drawn square, the diagonal of which became the longer side of the rectangle within which the painting took place. This rectangle seemed to me AS a sprog, the place to start testing ones judgement as to what is the ideal or most satisfactory shape.

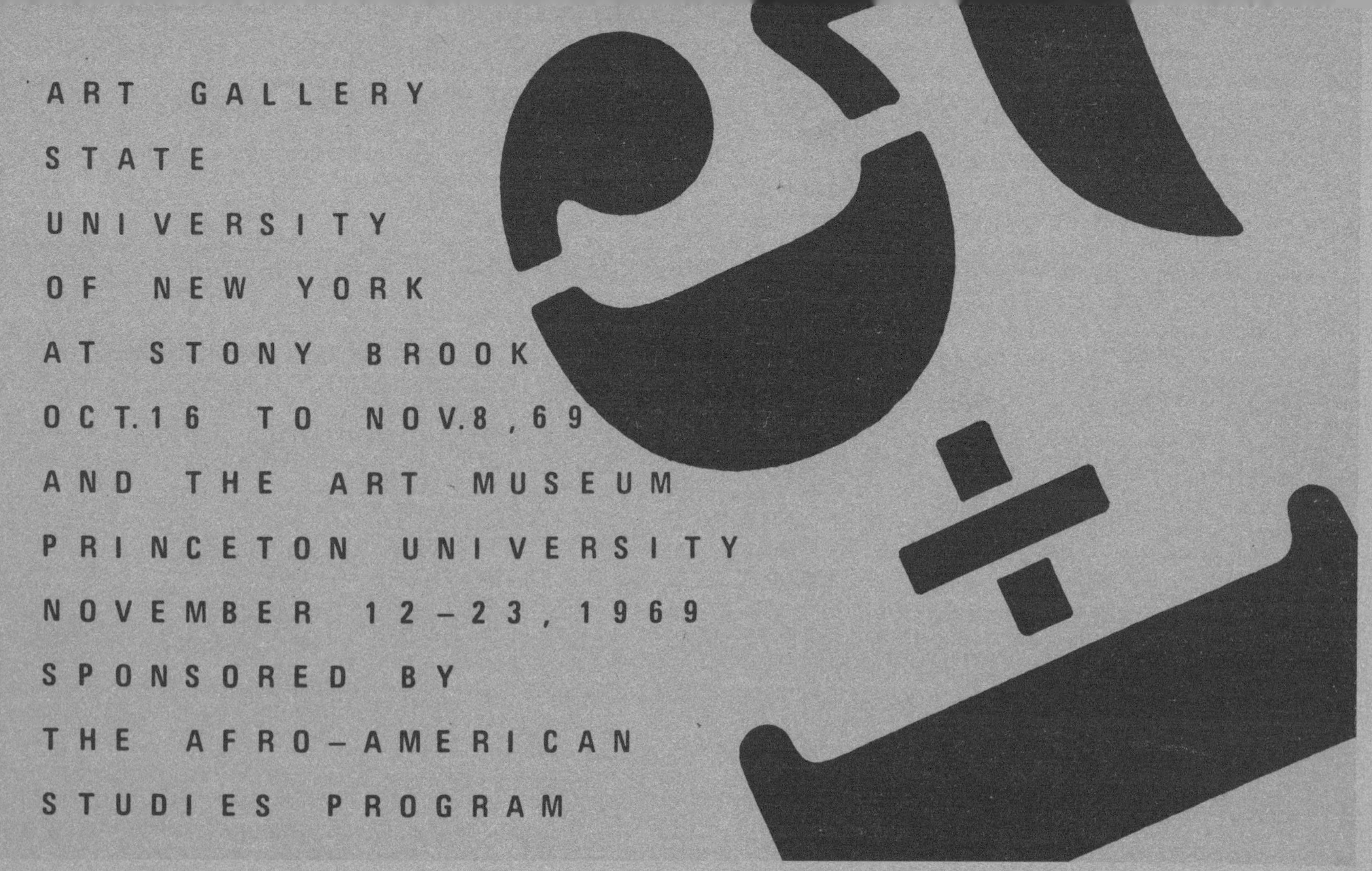
5+1
ART GALLERY
STATE
UNIVERSITY
OF NEW YORK
AT STONY BROOK
OCT.16 TO NOV.8,69
AND THE ART MUSEUM
PRINCETON UNIVERSITY
NOVEMBER 12–23,1969
SPONSORED BY
THE AFRO-AMERICAN
STUDIES PROGRAM

MELVIN EDWARDS 1937, HOUSTON, TEXAS
It is necessary to be free enough to create beyond the boundaries of any esthetic and make that freedom plastically manifest. To improvise is the only real and constantly dynamic revolutionary way to be. I have known for thirty years that the color of the first earthman to visit the moon would be "White". I have taken the stand that I can deal with perception from any angle or as directly as I choose. The time is a choice, the place is a choice, and the act or object is a choice in time which I often choose to syncopate. To put some English on the ball is a choice of moves and weapons in the middle of the struggle's circle of stainless steel. Black and white, red, yellow and azul, are necessary angles and rattles modifying the connections of the cosmos. It is murderously masochistic and sadistic to put art before man. All formal values are rhetoric and at this time real beauty is the knowledge that I would burn, slash, trample, and destroy all of the objects in the world in order to create a better time and place. 9/20/69

AL LOVING 1935, DETROIT, MICHIGAN
To me the wall is the painting. I am tired of objects on walls. The wall must be pierced, brought forward, pushed back. The hexagon is capable of expanding, of occupying a given space. I am an universalist. I see the role of the artist as part-prophet, one who creates a visual reaction to possible projected changes. Being black at the expense of all other things is capitulation. Most viewers either like a thing or they don't. Explaining the reasons for their feelings doesn't change their view very much. The social-political perceptions I have which motivated my particular approach I can only speak about personally. I have been asked how my isometric cubic or septehedrons could possibly be of any relevance to present social political ideals. The truth is that there is none. I say "prepare the senses" as opposed to informing the senses, as the media says.

JACK WHITTEN 1939, BESSEMA, ALABAMA
My vision of art is that of Pinkism. Pinkism is the personality of the world expressed in pure plastic symbols. Pinkism combines all the isms of art history, especially those of contemporary times. At present I am the only true believer in Pinkism, but like all isms when introduced to the mass media it establishes instant followers. The creation of a pink world became evident to me when I started seeing pink angels on my canvas, pink horses, pink women with pink *blip*, pink cats that *blip* pink *blip*, and big pink elephants with tiny pink *blip*. I have seen pink mountains where pink stinky goats grazed upon pink grass placed within a pink holy sky. I have seen pink pigs and pink dollars...

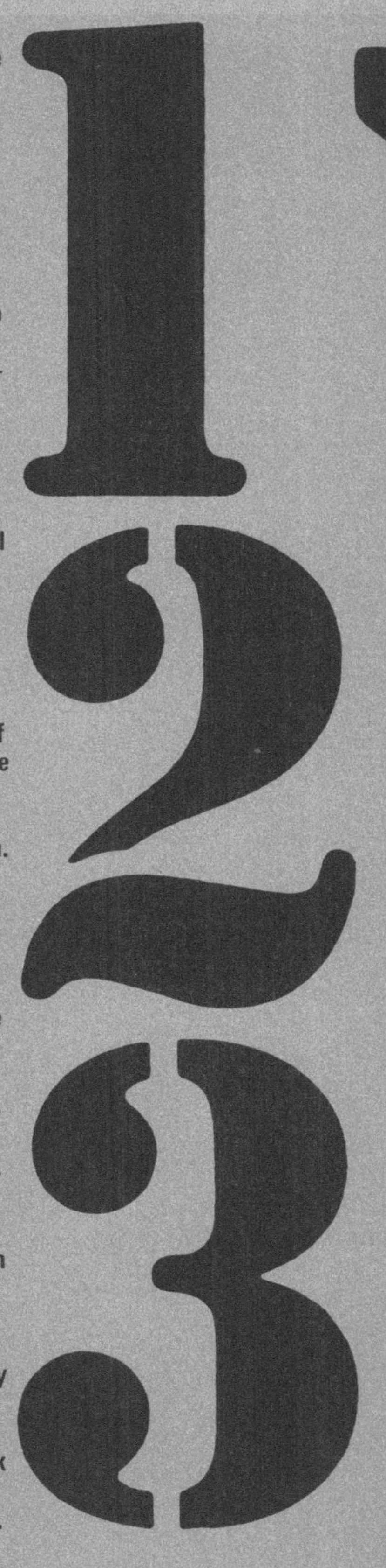

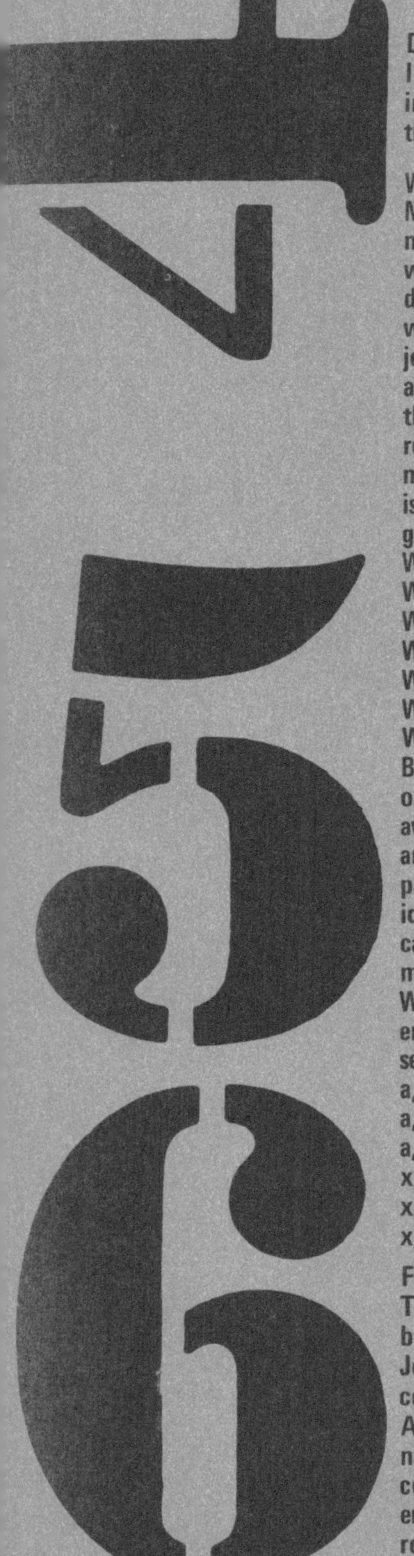

DANIEL JOHNSON 1938, LOS ANGELES, CALIF.
I will bless the Lord who hath given me understanding: I set God always in my sight; for He is at my hand that I be not moved.

WILLIAMS T. WILLIAMS 1942, NORTH CAROLINA
Myth of Revolution... this community of culture will not depend upon geographical confines, especially when these confines are destructive to dreams. The dreams of dreamers are directly related to the system which suppresses them... blackness is always the subject matter in the mind of the insane... so complex as to define description.The future of the unreal is the life line of Blackness... do not look for stylist directions. Blackness itself is a movement. Far greater... more profound, than any neo-plasticism, constructivism, fagism, could ever aspire to be. What movements give, Blackness has taken for granted...
We are surrealists (or we could not have survived).
We are primitives.
We are humanists.
We are hard edge.
We are earth people.
We are action painters.
WE ARE BLACK.
Black artists should sell their egos by the yard, pound, or inch... store them in reachable plastic cocoons to await metamorphosis. Black artists should see space and dreams. Black artists will see love and lust. Field painting is a term used to describe egotistical racist ideas. Earth works were done by slaves who later became Baptists ministers and wrote essays about numerical symmetry.
Winds and rumors destroy work by Black artists...later to be rediscovered by French moralists and homosexual hounds.
a, a, a, a, a, a, a, a,
a, a, a, a, a, a, a, a,
a, a, a, a, a, a, a, a,
x, x, x, x, x, x, x, x,
x, x, x, x, x, x, x, x,
x, x, x, x, x, x, x, x,

FRANK BOWLING 1936, BARTICAESSEQUIBO, GUYANA
The works in this show are a direct result of a rejected book jacket I did for the English edition of Leroi Jones' *Black Music.* I say "rejected"; it might be more correct to say the publishers and I had a disagreement. As the only Black artist on the English scene, it was natural for my friend Martin Green to offer me the cover. The disagreement was over how much a publisher could expect to get for £25. The result was that my rough was never returned. In many ways the present work has nothing to do with the earlier episode.

The way in which this exhibition camę about should be recorded, as it is the only way to express our gratitude to its organizer, Frank Bowling. Frank Bowling was uniquely able to surmount the divisive cultural problems involved. Mr Bowling is a Black artist living in the United States, but not of American birth; the other five artists are American by birth and, like him, now live in New York City. (In this respect all six artists are like most artists in New York, out-of-towners by birth.) Mr Bowling's position as part of the Black community is complemented, as a result of his different background, by the knowledge of detachment as well as of participation. He is the only artist at present in a position to act as a critic, a man able to speak to two different groups – the artists and their audience (an audience that is still mostly White). *

The situation of Black artists is ambiguous: there is considerable use of the idea of art as an instrument to advance Black identity, Black rights; there is, also, clearly and successfully, an impulse towards the making of art as art. In the artists' statements in this catalogue, both possibilities oscillate. One attitude shared by the present artists is worth isolating. Edwards' desire for an art beyond aesthetics, Loving's view of the "artist as part-prophet", Williams' "we are action painters", Bowling's relevant-irrelevant account of the genesis of his present paintings, are pungently mid-century in ideas and style (another name for mid-century is "Art Since 1945").

This is the period of existentialist criticism, of Abstract Expressionist attitudes; thus the language of the present artists is not specifically their own, but a shared language of post-war art. The alientation, the floating revolutionary impulses, the epistemological doubts, are not racial in origin but professional. Viewed in this way, the two themes of aesthetics and protest can be joined. The Black artist has a social framework in which to enact artistic problems; protest serves as a metaphor of the alienation felt by all Abstract Expressionist artists. Hence the fact of making art becomes its social significance.

Lawrence Alloway
professor, Department of Art, S.U.N.Y. at Stony Brook

Sam Hunter
professor, Department of Art and Archaeology, Princeton University

*During 1969 Bowling has published criticism in **Arts**, Vol.43, February, March, April, May, Summer.

FRANK BOWLING, JACK WHITTEN, AL LOVING UND FREUNDE ZUR ERÖFFNUNG DER / AND FRIENDS AT THE OPENING OF THE 5+1 EXHIBITION VON / BY ADGER COWAN

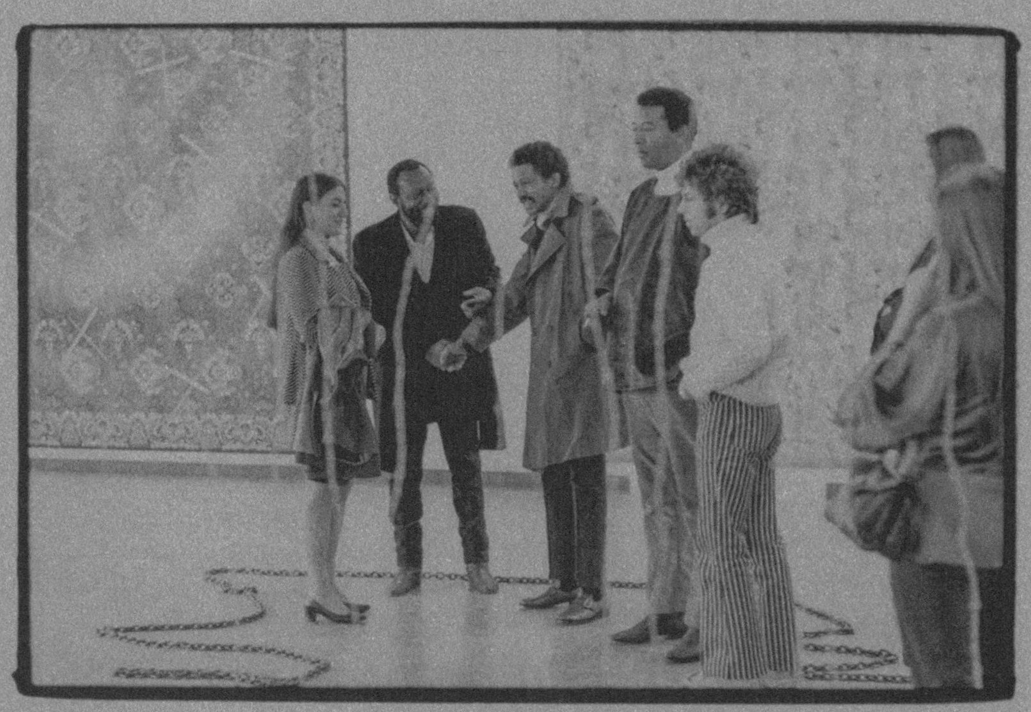

FRANK BOWLING IN SEINEM / HIS
BROADWAY STUDIO
MIT SEINEN / WITH HIS MAP PAINTINGS C. 1971

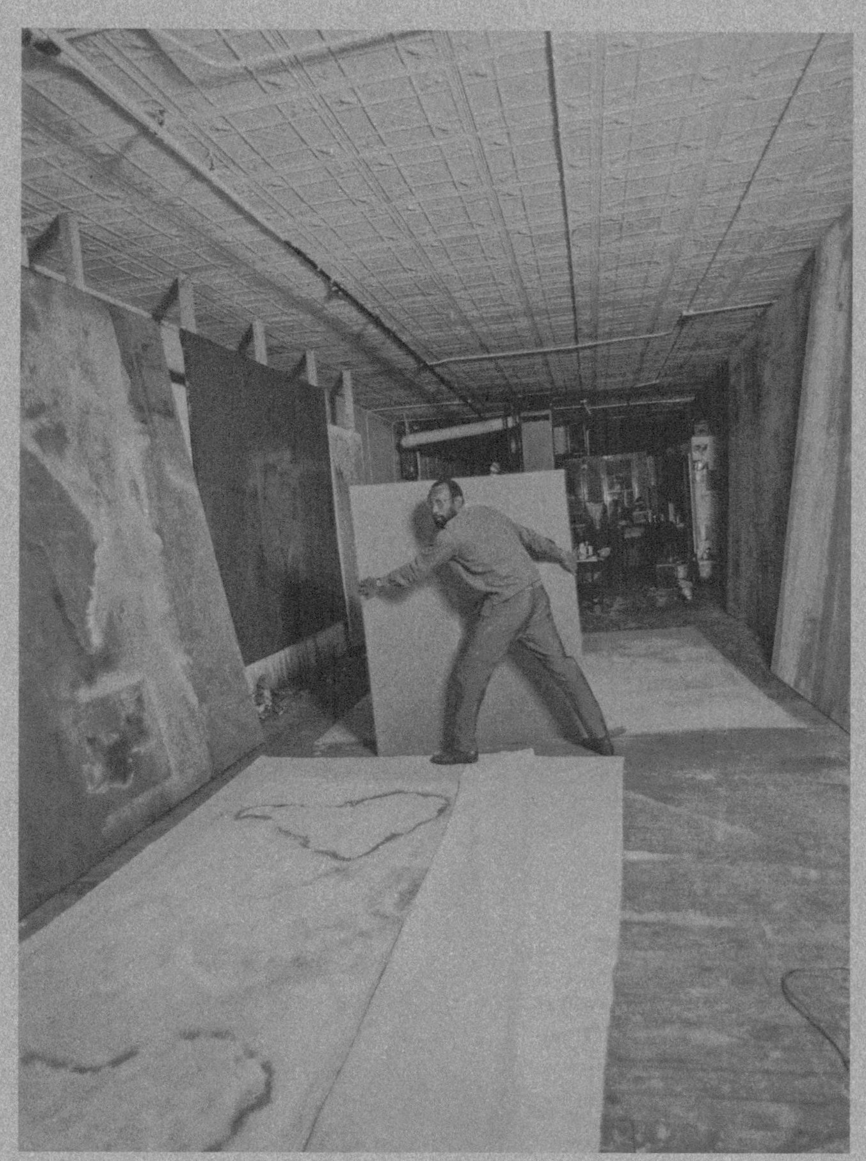

WAND DES ATELIERS / WALL OF STUDIO FRANK BOWLING
BROADWAY, NEW YORK, CA. 1969

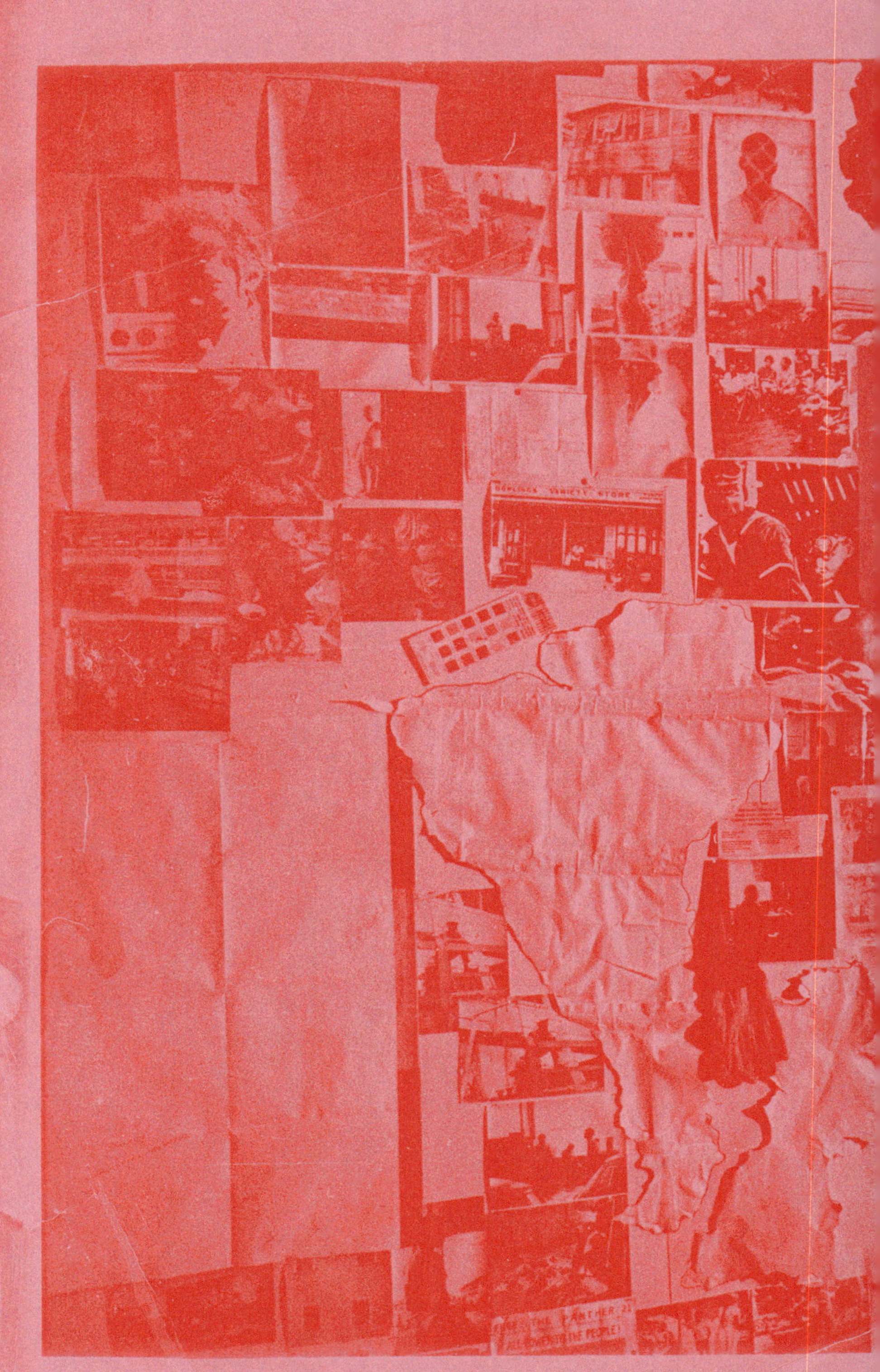

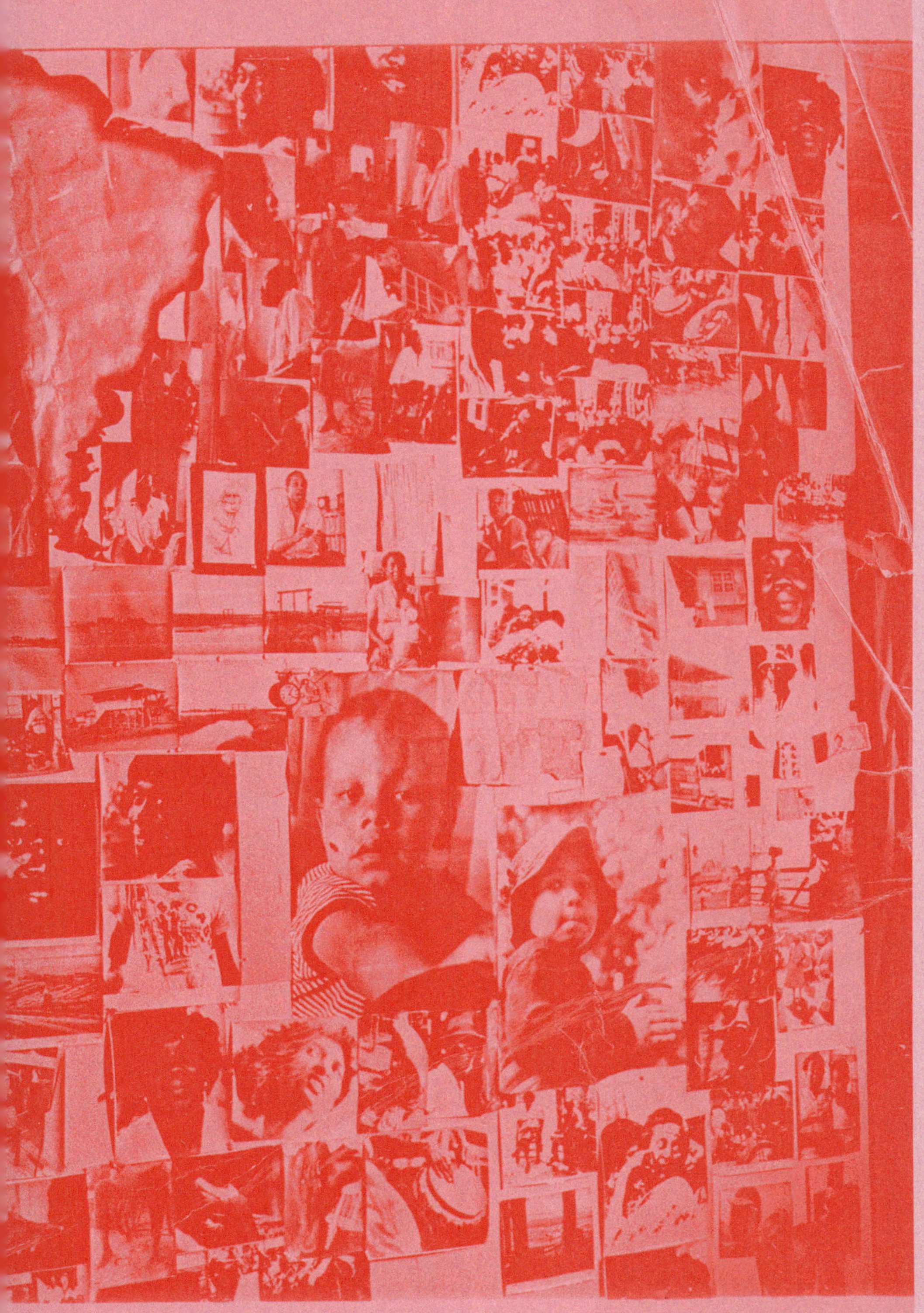

KURZ-BIOGRAPHIE
SHORT BIOGRAPHY

FRANK BOWLING

Geboren / Born in 1934,
Bartica, Essequibo, Guyana
Lebt und arbeitet / Lives
and works in London, England

AUSBILDUNG/EDUCATION

1959–1962
Royal College of Art,
London, England
1958–1959
Slade School of Fine Art,
London, England
1957
Regent Street Polytechnic,
Chelsea School of Art London,
England

EHRUNGEN UND AUSZEICHNUNGEN (AUSWAHL) / SELECTED HONOURS AND AWARDS

2022
Wolfgang-Hahn-Preis / Wolfgang
Hahn Prize, Gesellschaft für
Moderne Kunst,
Museum Ludwig, Köln / Cologne,
Deutschland / Germany
2020
Knight Bachelor für Verdienste
um die Kunst / Knight Bachelor for
Services to the Arts, London, England
Ehrendoktorwürde / Honorary
Doctorate, The Royal College of Art,
London, England
2014
Ehrenmitglied / Honorary Fellow,
University of the Arts, London,
England
2008
Orden des Britischen Empire, Maler
und Schriftsteller und Verdienste
um die Kunst / Order of the British
Empire. Painter and writer and
Services to Art, England
2007
Ehrendoktorwürde / Honorary
Doctorate, University
of Wolverhampton,
Wolverhampton, England
2005
Royales Akademiemitglied /
Royal Academician, Royal Academy
of Art, London, England
1998
Pollock Krasner Award,
New York, USA
1992
Pollock Krasner Award, New York,
USA
1977
Arts Council of Great Britain Preis /
Award, England

1967
Stipendium / Fellowship, John Simon Guggenheim Memorial Foundation, New York, USA
1966
Großer Preis für zeitgenössische Kunst / Grand Prize for Contemporary Art, First World Festival of Negro Art, Dakar, Senegal.
1962
Mitglied / Associate of the Royal College of Art (MFA), London, England Silbermedaille für Malerei / Silver Medal for Painting, Royal College of Art, London, England

EINZELAUSSTELLUNGEN (AUSWAHL) / SELECTED SOLO EXHIBITIONS

2022
Frank Bowling's Americas, Museum of Fine Arts Boston and San Francisco Museum of Modern Art, USA
Frank Bowling: Sculpture, Stephen Lawrence Gallery, University of Greenwich, London, England
Frank Bowling, Wolfgang-Hahn-Preis 2022, Museum Ludwig, Köln / Cologne, Deutschland / Germany
2021
Frank Bowling. Land of Many Waters, Arnolfini, Bristol, England
2019
Frank Bowling, Tate Britain, London, England
2018
Mappa Mundi, Sharjah Art Foundation, Sharjah, Vereinigte Arabische Emirate / UAE, IMMA Irish Museum of Modern Art, Dublin, Irland / Ireland, Haus der Kunst, München / Munich, Deutschland / Germany
2015
Frank Bowling. Map Paintings, Dallas Museum of Art, Dallas, USA
2014
Traingone, Paintings by Frank Bowling, 1979–1996, Spritmuseum, Stockholm, Sweden
2012
Drop, Roll, Slide, Drip... Frank Bowling's Poured Paintings 1973–1978, Tate Britain, London, England
2011
Journeyings. Recent Works on Paper by Frank Bowling RA, Royal Academy of Arts, London, England
2006
Frank's Colour. Painting by Frank Bowling RA, Royal Academy of Arts, London, England
2003
Bending the Grid: Black Identity and Resistance in the Art of Frank Bowling, Aljira a Center for Contemporary Art, Newark, NJ, USA
2001
Catching Up, Georgetown Gallery of Art, Washington, D.C., USA
1993
Frank Bowling Paintings 1981–92, National Academy of Sciences, Washington, D.C., USA
1989
Frank Bowling, Royal West of England Academy, Bristol, England
1986
Frank Bowling, Paintings 1983–1986, Serpentine Gallery, London, England
1973
Frank Bowling, Center for Inter-American Relations, New York, USA
1971
Frank Bowling, Whitney Museum of American Art, New York, USA
1963
Frank Bowling, Grabowski Gallery, London, England

GRUPPENAUSSTELLUNGEN (AUSWAHL) / SELECTED GROUP EXHIBITIONS

2022
Postwar Modern: New Art in Britain: 1945–1965, Barbican Centre, London, England
Afro-Atlantic Histories, National Gallery of Art, Washington D.C, USA

2021
Life Between Islands. Caribbean – British Art 50s – Now, Tate Britain, London, England
Fragments of Epic Memory, Art Gallery of Ontario, Toronto, Kanada / Canada
Souffler de son souffle / Breathing One's Breath, Fondation Vincent Van Gough, Arles, Frankreich / France

2020
Soul of a Nation. Art in the Age of Black Power, The Museum of Fine Arts, Houston, USA

2019
Soul of a Nation. Art in the Age of Black Power, Fine Arts Museums of San Francisco, San Francisco, USA, Broad Museum, Los Angeles, USA
Spilling Over. Painting Color in the 1960s, Whitney Museum of American Art, New York, USA

2018
Epic Abstraction. Pollock to Herrera, The Metropolitan Museum of Art, New York, USA
Soul of a Nation. Art in the Age of Black Power, Brooklyn Museum, Brooklyn, USA; Crystal Bridges Museum of American Art, Bentonville, USA

2017
Soul of a Nation. Art in the Age of Black Power, Tate Modern, London, England

2016
Postwar. Art Between the Pacific and Atlantic, 1945–1965, Haus der Kunst, München / Munich, Deutschland / Germany

2015
Affecting Presence and the Pursuit of Delicious Experiences, The Menil Collection, Houston, USA

2012
Migrations. Journeys into British Art, Tate Britain, London, England
Caribbean: Crossroads of the World, Queens Museum of Art, New York, USA

2010
Afro Modern. Journeys through the Black Atlantic, Tate Liverpool, Liverpool, England

2004
Art and the 60s. This Was Tomorrow, Tate Britain, London, England

2003
Fault Lines. Contemporary African *Art and Shifting Landscapes,* Biennale von Venedig / The Venice Biennale, Italien / Italy

2002
Tate Unseen. Living Artists from the Tate Storeroom, Tate Britain, London, England

1997
Caribbean Visions. Contemporary Painting and Sculpture, Smithsonian *Institution,* Washington, D.C., USA

1996
Absolut Expressions, Sprit Museum, Stockholm, Schweden / Sweden

1994
Landscape as Metaphor. The Transcendental Vision, Newport Art Museum, Newport, USA

1992
Whitechapel Open, Whitechapel Gallery, London, England

1986
Caribbean Expressions in Britain, Cartwright Hall, Bradford, Leicestershire Museum and Art Gallery, Leicester, Central Museum and Art Gallery, Northampton, England

1981–1983
Mapped Art. Charts, Routes, Regions; Toledo Museum of Art, Toledo, USA; University of Colorado Art Gallery, Boulder, USA, Arkansas Arts Center, Little Rock, USA
1980
Hayward Annual, Hayward Gallery, London, England
1979
Contemporary Caribbean Artists – African Expressions, The Bronx Museum of the Arts, New York, USA
1977
Artists' Maps, Philadelphia College of Art, Philadelphia, USA
British Painting 1952–1977, Royal Academy of Arts, London, England
1976
The Golden Door. Artist Immigrants of America, 1876–1976, Hirshhorn Museum and Sculpture Garden, Smithsonian Institution, Washington, D.C., USA
1971
Contemporary Black Artists in America, Whitney Museum of American Art, New York, USA
1970
Afro-American Artists, Museum of Fine Arts, Boston, Massachusetts, USA
1969
5+1, Art Gallery, State University of New York, Stony Brook, New York USA; The Art Museum, Princeton University, Princeton, New Jersey, USA
1968
The Obsessive Image 1960–1968, Institute of Contemporary Arts, London, England
1964
Young Commonwealth Artists Group, Whitechapel Gallery, London, England
1962
Young Commonwealth Artists, RBA Galleries, London, England
Image in Revolt, Grabowski Gallery, London, England

AUSGEWÄHLTE MONOGRAFIEN UND KATALOGE / SELECTED MONOGRAPHS AND CATALOGUES

2022
Frank Bowling's Americas: New York in 1966–1975, Text von / text by Jennifer Snodgrass, Museum of Fine ArtsBoston (Ausstellungskatalog / exthibition catalogue)
Frank Bowling: Sculpture, Essay von / essay by Sam Cornish, Gespräch zwischen / in-conversation between Allie Biswas, Thomas J. Price, Gedicht gewidmet an Bowling von / poem dedicated to Bowling by Barbara Chase-Riboud, University of Greenwich Galleries, London (Ausstellungskatalog / exhibition catalogue)
Penumbral Light, Texte von / texts by Arnolfini Bristol, Gemma Brace, Ben Bowling Hauser & Wirth, Zürich / Zurich (Ausstellungskatalog / exhibition catalogue)
2021
Frank Bowling. Land of Many Waters, Texte von / texts by Gemma Brace, Eddie Chambers, Zoé Whitley, Arnolfini, Bristol (Ausstellungs-katalog / exhibition catalogue)
Frank Bowling. London / New York, herausgegeben von / edited by Hauser & Wirth, Zürich/ Zurich (Ausstellungskatalog / exhibition catalogue)
Frank Bowling Text von / text by Mel Gooding, 2. Auflage / 2nd edition, Royal Academy of Arts, London
2019
Frank Bowling, herausgegeben von / edited by Elena Crippa, Tate, London (Ausstellungskatalog / exhibition catalogue)

2017

Enwezor, Okwui (ed.), *Frank Bowling. Mappa Mundi,* herausgegeben von / edited by Okwui Enwezor, Texte von / texts by Frank Bowling, Okwui Enwezor, Kobena Mercer, Anna Schneider, Zoe Whitley, Lynette Yiadom-Boakye, Haus der Kunst München / Munich (Ausstellungskatalog / exhibition catalogue)

2014

Frank Bowling. Traingone, Texte von / texts by Mel Gooding, Zoe Whitley, Spritmuseum, Stockholm (Ausstellungskatalog / exhibition catalogue)

1989

Raynor, Vivien, Seigel, Jean, Gooding, Mel (et al.), *Frank Bowling & Dennis de Caires Recent Paintings,* Texte von / texts by Vivien Raynor, Jean Seigel, Mel Gooding, The Umana Yana, Georgetown (Ausstellungskatalog / exhibition catalogue)

SCHRIFTEN DES KÜNSTLERS (AUSWAHL) / SELECTED ARTIST'S WRITINGS[1]

2015

"Where I Work. Artist Frank Bowling," *The Guardian*, February 7

2009

"Artist Frank Bowling on How he" Paints, *The Guardian,* September 20

1992

"Postscript," In Eddie Chambers, Herausgeber / editor, *The Dub Factor: Sylbert Bolton, Anthony Daley and David Somerville.* London: Tribe Design (Essay für / for Ausstellungskatalog / exhibition catalogue)

1991

"Some Notes Toward an Exhibition of African-American Abstract Art," in *The Search for Freedom. African American Abstract Painting 1945–1975,* New York: Kenkeleba Gallery, pp.125–128

1988

"Formalist Art and the Black Experience," Third Text, vol. 2, issue 5, Winter 1988, pp. 78–82

1981

"Formalism, A Selective View," *Cover, no. 6, Winter 1981,* pp. 38–41

1973

"A Modest Proposal," *Arts Magazine,* vol. 47, no. 4, February 1973, pp. 55–59

1972

"Problems of Criticism I-II-III-IV-V-VI," *Arts Magazine*, vol. 46, no. 7, May 1972, pp. 34–38

"Revisions. Color and Recent Paintings, Part 2," *Arts Magazine*, vol. 46, no. 5, March 1972, pp. 47–50 / no. 4, February 1972, pp. 45–50

"New York Classicism," *Arts Magazine*, December 1972–January 1973: 63-65

1971

"It's Not Enough To Say 'Black is Beautiful'," in *Art News*, April 1971

"Fluid Structures," *Arts Magazine*, vol. 46, no. 1 (September–October 1971): 30–33

"Structure of Color at the Whitney," *Arts Magazine*, vol. 45, no. 6 (April 1971): 79.

1970

"Another Map Problem," *Arts Magazine*, vol. 45, no. 3 (December 1970–January 1971): 27–29

"Outside the Galleries: Four Artists," *Arts Magazine*, vol. 45, no. 2 (November 1970): 30–31

"Silence: People Die Crying When They Should Love," *Arts Magazine*, vol. 45, no. 1, (September–October 1970): 31–32

"The Rupture: Ancestor Worship, Revival, Confusion or Disguise?" *Arts Magazine*, vol. 44, no. 8 (Summer 1970): 31–34

1969

"Notes from a Work in Progress," in *5+1*, New York: State University of New York at Stony Brook

"A Shift in Perspective,"
Arts Magazine, vol. 43, no. 8,
Summer 1969, pp. 24–27
"Discussion on Black Art I,"
Arts Magazine, vol. 43, no. 6,
April 1969, pp. 16–20
"Discussion on Black Art II,"
Arts Magazine, vol. 43, no. 7,
May 1969, pp. 20–23
"Discussion on Black Art III,"
Arts Magazine, vol. 44, no. 3
(December 1969–January 1970): 20–22
"Joe Overstreet exhibition at
The Studio Museum in Harlem
1969/70," Arts Magazine, vol. 44, no. 3
(December 1969–January 1970): 55
"X to the Fourth Power," Arts
Magazine, September–October 1969
"De Stijl and After [Review of
Mondrian by Frank Elgar].,"
Arts Magazine, vol. 43, no. 6
(April 1969): 14
"Letter from London: Caro at
The Hayward," Arts Magazine, vol. 43,
no. 5 (March 1969): 20
"Review of Two Books on African Art,"
Arts Magazine, December 1968–
January 1969

[1] In Vorbereitung ist die Herausgabe ausgewählter publizierter Schriften Frank Bowlings durch das Museum Ludwig in der neuen Reihe *Artists' Writings* mit einem Vorwort von Dr. Yilmaz Dziewior. / The Museum Ludwig is preparing to publish selected writings by Frank Bowling in the new publication series *Artists' Writings* with a foreword by Dr. Yilmaz Dziewior.

LIEBE LESERINNEN UND LESER,

wir gratulieren Sir Frank Bowling seitens BAUWENS und EBNER STOLZ herzlich zur Verleihung des Wolfgang-Hahn-Preises durch die Gesellschaft für Moderne Kunst am Museum Ludwig.

Der Wolfgang-Hahn-Preis zeichnet Künstler aus, die abseits der Fachwelt noch nicht die verdiente Aufmerksamkeit in Deutschland erhalten haben. Als bereits etablierter Künstler in Großbritannien und geachteter Künstler und Publizist in den USA hat Frank Bowling – von einer Überblicksausstellung 2018 im Haus der Kunst in München einmal abgesehen – bisher kaum in Deutschland ausgestellt.

Mit der Verleihung des Wolfgang-Hahn-Preises wird das eindrückliche Œuvre Bowlings nun auch in Deutschland gewürdigt und damit die Möglichkeit zu einer vertieften Rezeption seines Werkes eröffnet. Mit Freude unterstützen wir bereits zum siebten Mal die Preisverleihung, die Präsentation und die den Preis begleitende Publikation. Zur Freude kommt die Überzeugung, dass das Engagement für Kunst und Kultur angesichts eines Krieges in Europa und einer globalen Pandemie wichtiger ist denn je.

Wir gratulieren Sir Frank Bowling zu seiner verdienten Auszeichnung und wünschen Ihnen eine begeisternde Begegnung mit seinem Werk.

DEAR READERS,

On behalf of BAUWENS and EBNER STOLZ, we would like to congratulate Sir Frank Bowling on the awarding of the Wolfgang Hahn Prize by the Gesellschaft für Moderne Kunst at Museum Ludwig.

The Wolfgang Hahn Prize is conferred to artists who have not yet received the attention they deserve in Germany. Already an established artist in the United Kingdom and a respected artist and publicist in the United States, Frank Bowling has rarely exhibited in Germany—apart from a survey exhibition at the Haus der Kunst in Munich in 2018.

With the awarding of the Wolfgang Hahn Prize, Bowling's impressive oeuvre is now also being recognised in Germany, thus opening up the possibility of an in-depth reception of his work. We are pleased to support the award ceremony, the presentation, and the publication accompanying the prize for the seventh time. To our delight, we add the conviction that, in the face of a war in Europe and a global pandemic, the commitment to art and culture is more important than ever.

We congratulate Sir Frank Bowling on his well-deserved award and wish you, dear readers, an inspiring encounter with his work.

PAUL BAUWENS-ADENAUER, BAUWENS

DR. DIRK JANSSEN, EBNER STOLZ

Unser besonderer Dank geht an Sir Frank Bowling / Our special thanks go to Sir Frank Bowling.

Wir danken allen Mitgliedern der Gesellschaft für Moderne Kunst / We are grateful to all members of the Gesellschaft für Moderne Kunst.

Ausdrücklicher Dank gilt der Galerie Hauser & Wirth, Meiré und Meiré und den Sponsoren BAUWENS und EBNER STOLZ / We would like to express our thanks to the gallery Hauser & Wirth, Meiré und Meiré and the sponsors BAUWENS and EBNER STOLZ.

DARÜBER HINAUS DANKEN WIR / WE ARE ALSO GRATEFUL TO

Patrick Adenauer, Sabine Ahrens, Florian Berktold, Paul Bauwens-Adenauer, Nicole Bircks, Gillian Boll, Ben Bowling, Sacha Bowling, Brandl Transport GmbH, Klara Brochhagen, Matthew Cheale, Kim Collmer, Doc Bowling and his Blues Professors, Marc Dreckmann, Stephanie Eckerskorn, Barbara Engelbach, Viola Görgen, Johanna Flöter, Gérard Goodrow, Hildegard Helga Hahn, Hauser & Wirth, Dirk Janßen, Kathrin Kessler & Team, Anke Kneusgen, Franz König, Walther König, Claudia Kotte, Julia Kress, Kunst- und Museumsbibliothek Köln, Silvana Lagos, Leif Lenzner & Team, Iris Maczollek, Ines Margraff, Marc Meiré, Mike Meiré, Meiré und Meiré, Helen Meßler, Anne Niermann, Dirk Otter, Nikita Payne, Maren Pfeil, Maren Poppe, Rheinisches Bildarchiv, Astrid Roth, Pat Saro, Rachel Schumann, Rachel Scott, Frank Süßdorf, Kirsten te Brake, Judy Vaknin.
Sowie dem gesamten Team des Museum Ludwig / as well as the whole Museum Ludwig staff, besonders / especially Dr. Barbara Engelbach für das Kuratieren der Präsentation und die Auswahl der Zitate von Frank Bowling für diese Publikation in Zusammenarbeit mit Sir Frank and Lady Rachel / for curating the presentation and selecting the quotes from Frank Bowling for this publication in cooperation with Sir Frank and Lady Rachel.

ABBILDUNGS-VERZEICHNIS / LIST OF ILLUSTRATIONS

Im folgenden Abbildungsverzeichnis sind die abgebildeten Werke nach den entsprechenden Seitennummern der Publikation aufgeführt. Mehrfach abgebildete Werke sind in der ersten Erwähnung ausführlich beschrieben. / The following register of the works is listed according to the corresponding page of the publication. Works reproduced several times are credited fully the first time they are mentioned.

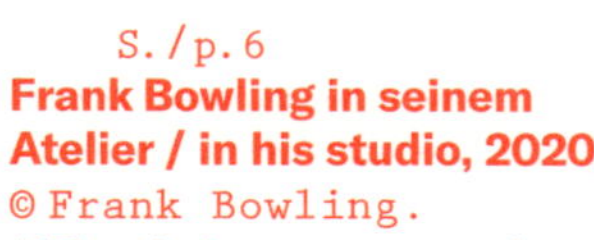

S./p.6
Frank Bowling in seinem Atelier / in his studio, 2020,
© Frank Bowling. All rights reserved, VG Bild-Kunst, Bonn 2022. Courtesy: Frank Bowling, Photo: Sacha Bowling.

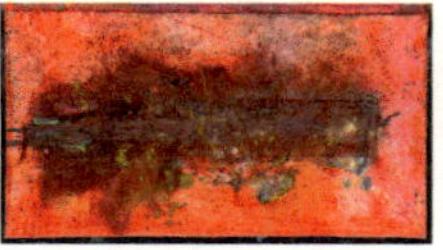

S./p.10–11
Flogging the Dead Donkey, 2020, Acryl und Acrylgel auf collagierter Leinwand mit Marouflage / Acrylic and acrylic gel on collaged canvas with marouflage, 102,5 x 185,5 cm,
© Frank Bowling. All rights reserved, VG Bild-Kunst, Bonn 2022. Courtesy: Frank Bowling, Photo: Damian Griffiths.

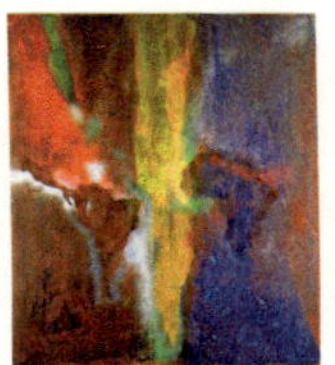

S./p.15
Night Journey, 1968–69, Acryl auf Leinwand / Acrylic on canvas, 328 x 269 cm,
© Frank Bowling. All rights reserved, VG Bild-Kunst, Bonn 2022. Courtesy: Frank Bowling & Metropolitan Museum, New York.

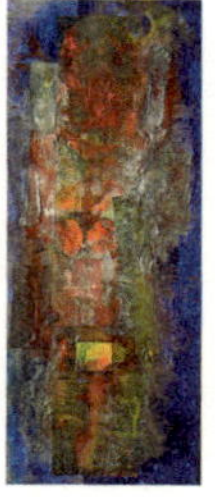

S./p.19
Benjamin's Mess, 2013, Acryl und Acrylgel auf collagierter Leinwand / Acrylic and acrylic gel on collaged canvas, 160 x 73,6 cm,
© Frank Bowling. All rights reserved, VG Bild-Kunst, Bonn 2022. Courtesy: Frank Bowling, Photo: John Berens.

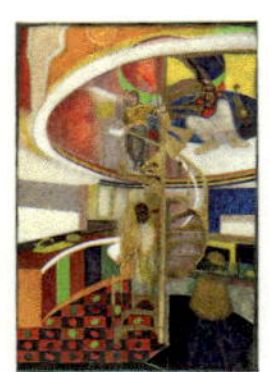

S./p.20
Mirror, 1964-66, Acryl auf Leinwand / Acrylic on canvas, 305 x 213 cm,
© Frank Bowling. All rights reserved, VG Bild-Kunst, Bonn 2022. Courtesy: Frank Bowling & Tate London.

S./p. 22
Flogging the Dead Donkey, 2020, Produktionsprozess / work in progress.
Photo: Frederik Bowling.

S./ p. 24
Detail Flogging the Dead Donkey, 2020.
Photo: Benjamin Bowling.

S./p. 26
Goldpigment-Streuer / Gold power-colour pigment shaker, Atelier / Studio Frank Bowling,
© Frank Bowling. All rights reserved, VG Bild-Kunst, Bonn 2022. Courtesy: Frank Bowling, Photo: Sacha Bowling.

S./p. 27
Detail 3 Blues 2 Greens on Red with Yellow, 2020, Acryl auf Leinwand / Acrylic on Canvas, 185,4 x 109,2 x 7 cm,
© Frank Bowling. All rights reserved, VG Bild-Kunst, Bonn 2022. Courtesy: Frank Bowling, Photo: Benjamin Bowling.

S./p. 28–29
Atelier / Studio Frank Bowling, 2020,
© Frank Bowling. All rights reserved, VG Bild-Kunst, Bonn 2022. Courtesy: Frank Bowling, Photo: Sacha Bowling.

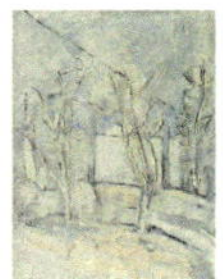

S./p. 30
Snow Painting, 1962, Öl auf Leinwand / Oil on canvas, 101,6 x 76,2 cm,
© 2019 Christie's Images Limited, VG Bild-Kunst, Bonn 2022.

S./p. 33
Atelier / Studio Frank Bowling, 2020,
Photo: Sacha Bowling.

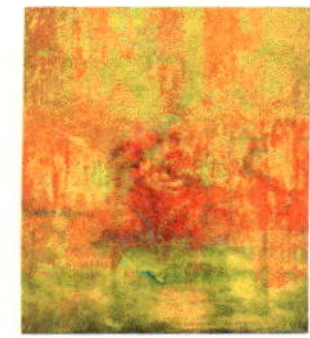

S./p. 34
Middle Passage, 1970, Acryl auf Leinwand / Acrylic on canvas, 323 x 281 cm,
© Frank Bowling. All rights reserved, VG Bild-Kunst, Bonn 2022. Courtesy: Frank Bowling, Photo: Jess Littlewood.

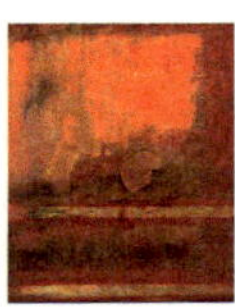

S./p. 37
Dan with Map, 1967, Acryl und Siedruck-Tinte auf Leinwand / Acrylic and silkscreened ink on canvas, 129,5 x 106,5 cm,
© Frank Bowling. All rights reserved, VG Bild-Kunst, Bonn 2022. Courtesy: Frank Bowling, Photo: Charlie Littlewood.

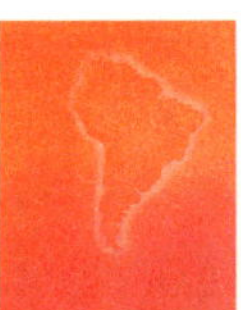

S./p. 39
False Start, 1967, Acryl auf Leinwand / Acrylic on Canvas, 161,9 x 129,5 cm,
© Frank Bowling. All rights reserved, VG Bild-Kunst, Bonn 2022. Courtesy: Frank Bowling, Photo: Charlie Littlewood.

S./p. 40–41
Marcia H Travels, 1970, Acryl auf Leinwand / Acrylic on canvas, 305 x 570 cm,
© Frank Bowling. All rights reserved, VG Bild-Kunst, Bonn 2022. Courtesy: Frank Bowling & Dallas Museum of Art, TWO X TWO for Aids and Art Fund.

S./p. 43
Doughlah G.E.P, 1968-71, Acryl auf Leinwand / Acrylic on canvas, 228 x 182 cm,
© Frank Bowling. All rights reserved, VG Bild-Kunst, Bonn 2022. Courtesy: Frank Bowling, Photo: Charlie Littlewood.

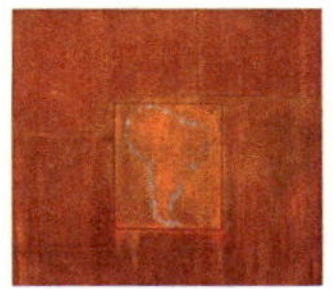

S./p. 45
South America Squared, 1967, Acryl und Sprühfarbe auf Leinwand / Acrylic and spray paint on canvas, 243 x 274 cm,
© Frank Bowling. All rights reserved, VG Bild-Kunst, Bonn 2022. Courtesy: Frank Bowling, Photo: Charlie Littlewood.

S./p. 46
Frank Bowling in seinem Atelier / in his studio mit / with Flogging the Dead Donkey, 2020.
Photo: Benjamin Bowling.

S./p.48
Detail Flogging the Dead Donkey, 2020.
Photo: Benjamin Bowling.

S./p.49
Detail Flogging the Dead Donkey, 2020.
Photo: Benjamin Bowling.

S./p. 50
Atelier / Studio Frank Bowling, 2020.
Photo: Sacha Bowling.

S./p.51
Detail 3 Blues 2 Greens on Red with Yellow, 2020.
Photo: Benjamin Bowling.

S./p.52
Brooklyn II, 2004, Acryl und Acrylgel auf collagierter Leinwand / Acrylic and acrylic gel on collaged canvas, 100 x 82 cm,
© Frank Bowling. All rights reserved, VG Bild-Kunst, Bonn 2022. Courtesy: Frank Bowling, Photo: Charlie Littlewood.

S./p.54–55
Atelier / Studio Frank Bowling mit / with Flogging the Dead Donkey, 2020.
Photo: Benjamin Bowling.

S./p.56
Flogging the Dead Donkey, 2020, Produktionsprozess / work in progress.
Photo: Frederik Bowling.

S./p.58
Hafif, 1969, Acryl auf Leinwand / Acrylic on canvas, 86 x 87 cm,
© Frank Bowling. All rights reserved, VG Bild-Kunst, Bonn 2022. Courtesy: Frank Bowling, Photo: Charlie Littlewood.

S./p.61
Atelier / Studio Frank Bowling, 2020.
Photo: Sacha Bowling.

S./p.65–67
Statement von / by Frank Bowling, 2 April 1975,
© Frank Bowling. All Rights Reserved, VG Bild-Kunst, Bonn 2022. Courtesy: Frank Bowling Archive & Adger Cowans.

S./p.68–72
It's Not Enough to Say, Black is Beautiful' von / by Frank Bowling, Art News, April 1971,
© Frank Bowling. Courtesy: Frank Bowling Archive.

S./p.73
Revisions: Color and Recent Painting by Frank Bowling, Arts Magazine, mit Anmerkungen / with annotations von / by Frank Bowling. Februar / February 1972, Seite / page 45,
© Frank Bowling. Courtesy: Frank Bowling Archive.

S./p.75
Auszug aus / extract from Manuscript von / of Robert Doty im Gespräch mit / talking to Frank Bowling im / at the Whitney Museum

S./p.76
Handschriftliche Notiz / handwritten note von / by Frank Bowling über die taktile Beschaffenheit von Farbe / about the tactile nature of paint, undatiert / undated,
© Frank Bowling. Courtesy: Frank Bowling Archive.

S./p.77
Handschriftliche Notiz / handwritten note von / by Frank Bowling über sein Interesse an Geometrie und Farbe / detailing his interest in geometry and colour, übertragen von / transcribed by Rachel Scott, undatiert / undated,
© Frank Bowling. Courtesy: Frank Bowling Archive.

S./p.78–81
Ausstellungskatalog / exhibition catalogue 5 + 1, Art Gallery State University of New York at Stony Brook, 1969
© State University New York & Frank Bowling. Courtesy: Frank Bowling Archive. Photo: Anna Arca.

S./p.82
Frank Bowling, Jack Whitten, Al Loving und Freunde zur Eröffnung der / and friends at the opening of the 5+1 exhibition von / by Adger Cowan, 1969.
© Adger Cowans. Courtesy: Frank Bowling Archive.

S./p. 83
Frank Bowling in seinem / his Broadway Studio in New York mit seinen / with his Map Paintings c. 1971.
© Frank Bowling. Courtesy: Frank Bowling Archive. Photo: unbekannt / unknown.

S./p. 84–85
Wand des Ateliers / Wall of studio Frank Bowling, Broadway, New York, ca. 1969,

Courtesy: Frank Bowling Archive and Daniel La Rue Johnson. Photo: Daniel LaRue Johnson.

S./p. 104
Produktionsprozess / work in progress Frank Bowling, Rampartstoo, 2019, Mischtechnik auf Papier / mixed media on paper, 57,7 x 77,7 cm

Courtesy: Frank Bowling, Photos: Benjamin Bowling.

Es wurden alle Anstrengungen unternommen, um die Rechteinhaber ausfindig zu machen und für eine korrekte Wiedergabe der Copyright-Angaben zu sorgen. Fehler oder Auslassungen werden in späteren Ausgaben berichtigt werden. / Every reasonable attempt has been made to locate the owners of copyrights and to ensure the credit information supplied is accurately listed. Errors or omissions will be corrected in future editions.

DIE PUBLIKATION ERSCHEINT ANLÄSSLICH / THE PUBLICATION IS PUBLISHED ON THE OCCASION OF: FRANK BOWLING-WOLFGANG-HAHN-PREIS 2022 / 2022 WOLFGANG HAHN PRIZE

Präsentation in der Sammlung / Presentation in the collection:
Barbara Engelbach, Kuratorin Sammlung Zeitgenössische Kunst, Fotografie und Medienkunst / Curator Contemporary Art Collection, Photography and Media Arts, Museum Ludwig

Publikation herausgegeben von / Publication edited by:
Pia Gamon

Autor*innen / Authors:
Frank Bowling, Pia Gamon, Zoé Whitley

Gestaltung / Design:
Meiré und Meiré
Mike Meiré, Julia Kress, Johanna Flöter

Photographie / Photography:
Siehe Abbildungsverzeichnis / Please refer to list of illustrations.

Übersetzungen / Translations:
Gérard Goodrow (EN)
Claudia Kotte (DE)

Lektorat / Copyediting:
Gérard Goodrow (EN)
Frank Süßdorf (DE)

Produktion / Production:
Maren Katrin Poppe

Lithographie, Druck und Bindung / Lithography, printing and binding:
DZA Druckerei zu Altenburg, Altenburg

Papier / Paper:
Inhalt / Content:
115 g/qm FLY Weiß 05
Umschlag / Cover:
120 g/qm f.color eco 504 rose

Auflage / Edition: 1.550

ISBN 978-3-7533-0345-1

Publikation der / Publication by the Gesellschaft für Moderne Kunst am Museum Ludwig Köln e.V.

Vorstand / Members of the Board in 2022: Mayen Beckmann (Vorsitz / Chairwoman), Gabriele Bierbaum, Sabine DuMont Schütte, Yilmaz Dziewior (Direktor / Director Museum Ludwig), Jörg Engels (Schatzmeister / Treasurer), Robert Müller-Grünow

Geschäftsführung / Managing Director: Pia Gamon

Stellv. Geschäftsführung / Deputy Managing Director: Ines Margraff

Senior Projekt Management / Senior Project Management & International Society: Kim Collmer

Assistenz & Junior Projekt Management / Assistant & Junior Project Management: Klara Brochhagen, Viola Görgen

Assistenz / Assistant: Maren Pfeil

Erschienen im / Published by Verlag der Buchhandlung Walther und Franz König Ehrenstraße 4, 50672 Köln / Cologne

Bibliographische Information der Deutschen Nationalbibliothek. Die Deutsche Nationalbibliothek verzeichnet diese Publikation in der Deutschen Nationalbibliographie; detaillierte bibliographische Daten sind über http://dnb.d-nb.de abrufbar. / Bibliographic information published by the Deutsche Nationalbibliothek. The Deutsche Nationalbibliothek lists this publication in the Deutsche National-bibliographie; detailed bibliographic data is available online at http://dnb.d-nb.de.

Gedruckt / Printed in Deutschland / Germany

Vertrieb / Distribution: Buchhandlung Walther und Franz König Ehrenstraße 4, 50672 Köln / Cologne Tel. +49 (0) 221 / 20 59 6-53 verlag@buchhandlung-walther-koenig.de

Die vorliegende Publikation wird großzügig unterstützt von/ The present publication is generously supported by

BAUWENS

EBNER STOLZ

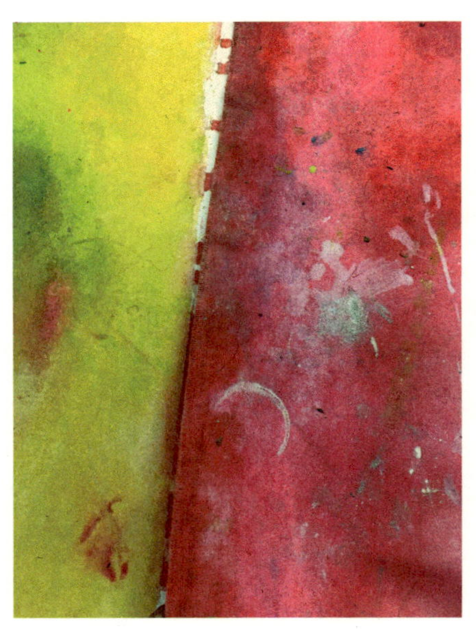